조금 무섭게 생겼지만, 난 네 몸을 받쳐 주는 기둥이야.

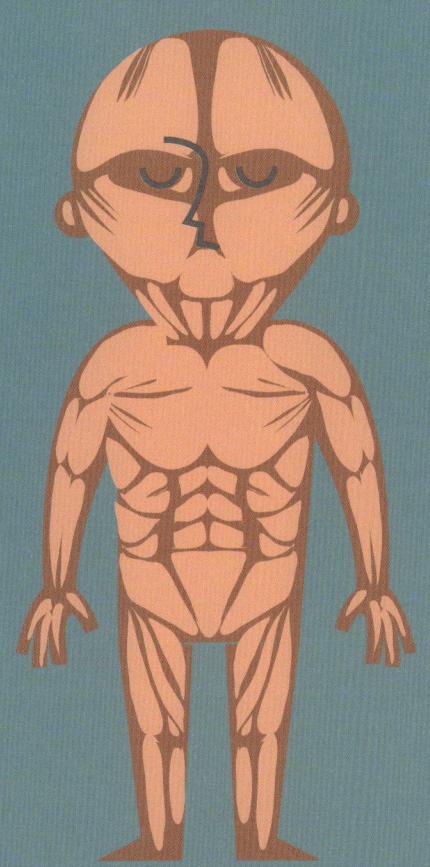

네가 움직일 수 있는 건 다 내 덕분이지.

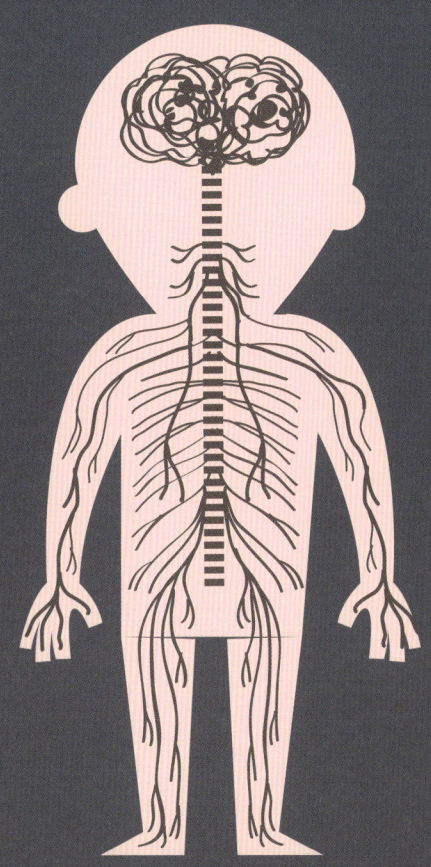

나는 인터넷과 다를 바 없어. 수백만 가지에 이르는 정보를 전달해.

뇌 과학 나라의 앨리스

뇌 과학 나라의 앨리스

글 예지 베틀라니, 마리아 마주레크
그림 마르친 비에주호프스키

'뇌'가 궁금하니?

6~11 가장 중요한 신체 기관은 누구?
12~13 끝판 왕 뇌!
14~17 신경 세포가 너무 많아
18~19 결정은 뇌가 한다! (반사만 빼고)
20~21 꿈이라는 수수께끼
22 뇌 속이 궁금하다고?

뇌, 기억을 분류하고 저장하다

36~37 4초 안에 사라진다, 감각 기억
38 쓰고 나면 바로 지운다, 작업 기억
39 단기 기억이 장기 기억이 되려면
40~41 기억이 돈이라면
42~45 반복해야 기억한다!

뇌, 연결하다

46~47 시상, 뇌와 세계를 연결하라!
48~49 뇌도 죽음이 두려워
50~51 영원히 사는 유전자
52~55 호르몬 악단의 지휘자 시상 하부

뇌, 계속 살아 있게 하다
23 먹고 싸고 숨 쉬는 건 뇌줄기에게 맡겨!
24~25 똑바로 걷는 건 소뇌에게 맡겨!
26~29 파충류의 뇌가 인간의 뇌가 되기까지

뇌, 감정을 조절하다
30~31 감정을 관리하는 변연계
32~33 불안과 두려움을 조절하는 편도체
34~35 기억을 저장하는 해마

뇌, 기억하고 생각하고 말하다
56~57 왜 사람만 말을 할까?
58~60 따로 또 같이, 좌뇌와 우뇌
61 왼손잡이는 불편해!
62~63 대뇌 겉질, 이성을 부탁해!
64~65 내가 나인 까닭, 자기 인식
66~67 대뇌 겉질 5형제
68~69 뇌를 돌보는 방법
70~71 파면 팔수록 재미있는 뇌 과학

앨리스는 자고 있어. 뭐, 이상한 일도 아니지. 바쁜 일요일을 보냈거든.
웅덩이를 건너뛰고, 개구리를 찾아다니고, 나무에서 자두를 따고,
안 됐지만 수학 숙제도 해야 했어.
잠자리에 들기 전에는 남동생 애덤에게 동화책도 읽어 줬지.
어린아이에게 책을 읽어 주면 두뇌 발달에 도움이 된다고 들었거든.
그런 다음 앨리스도 아기처럼 곧장 깊은 잠에 빠져들었어.

하루를 열심히 보내고 잠에 빠져들었을 때조차도 우리 몸속 모든 기관은
큰 공장처럼 계속 돌아가고 있어. 몇몇 기관은 조금 느려지고,
또 몇몇 기관은 조금 다른 방식으로 일하지만 말이야.
말도 안 되는 꿈을 꿀 때조차 우리 몸속 공장은 게으름을 피울 틈도 없이 돌아가.

꿈 이야기가 나와서 말인데… 앨리스의 몸속 기관들은 지금 자기들 중에서
누가 가장 중요한지 열띤 토론을 벌이고 있어. 말다툼이 시작된 건 심장 때문이야.
심장은 늘 잘난 척이 심한 데다 자기가 가장 중요하다고 굳게 믿고 있거든.
조금 꼴 보기 싫어도 봐줘야지 뭐. 몇백 년 동안 사람들은 사랑 같은 감정이
심장에서 나오고, 그 덕에 우리가 지금 같은 모습으로 살아간다고 믿었거든.

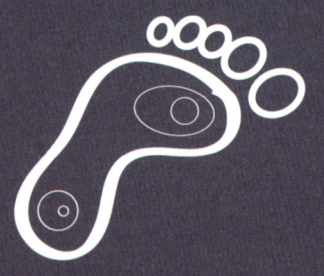

창자가 심장에게 소리쳤어.
네 세상은 끝났어! 한때는 사람들이 네 안에
마법 같은 무언가가 있다고 믿었는지 몰라도
우리한테는 안 통해. 우리는 다 알고 있어.
너도 우리처럼 수많은 기관 중 하나일 뿐이야!

상처받은 **심장**이 받아쳤어.

내가 수많은 기관 중 하나일지는 몰라도, 피를 내보내는
중요한 기관인 건 사실이잖아. 나는 단 몇 초도 쉴 틈이 없다고.
피가 앨리스의 온몸에 흘러 다니도록 쉴 새 없이 수축과 이완을
거듭해야 하니까. 앨리스의 모든 기관과 세포에 비타민과 탄수화물,
지방처럼 꼭 필요한 영양분과 호르몬, 산소를 실어 나르는 것도
바로 내가 움직이는 피라고. 창자야, 너희가 어떻게 감히 나한테
이런 상처를 줄 수 있어? 냄새 나는 똥 덩어리를 만들어 내는 것 말고,
너희가 이 공장에서 하는 일이 대체 뭐야?

창자가 비웃었어.
네가 그토록 자랑하는 피가 어디서 영양분을 얻는다고 생각해?
앨리스가 먹는 모든 음식은 다 우리한테로 온다고.
그 음식을 소화해서 필요한 영양분을 골라 피로 보내는 게
바로 우리잖아. 똥은 그 찌꺼기로 만드는 거고.

그때 **허파**가 끼어들었어.
이봐, 이봐! 그렇게 따지면 우리가 가장 중요하지. 생각해 봐,
음식이 없을 때랑 공기가 없을 때, 사람이 언제 더 빨리 죽을까?
굶주릴 때보다 숨이 막힐 때 더 빨리 죽는다는 건 누구나 다 아는 사실이라고.

피가 흐르는 길,
혈관

게다가 피에 산소를 넣어 주는 것도 우리잖아. 아까 창자가 심장보다 중요하다고 했고, 우리는 창자보다 더 중요하니까, 가장 중요한 건 바로 우리야!

이번에는 **간**이 반대하고 나섰어. 간은 자신이 영양분을 에너지로 바꿔서 앨리스를 움직이게 한다고 주장했지.

친구들, 그것만이 아니야. 나는 다른 중요한 일도 아주 많이 하고 있다고.

나는 남아도는 탄수화물과 비타민을 모아 놓는 '창고'야. 몸에 들어온 독성 물질, 약물, 알코올을 분해해서 해롭지 않게 만드는 '해독 기관'이기도 하지. 게다가 기름진 음식을 소화하는 데 꼭 필요한 담즙을 만들어 내기도 한다고.

양쪽 **콩팥**도 토론에 끼어들었어.

피는 쉽게 더러워진단 말이야. 우리가 없으면 금세 아무 일도 못 하게 될걸!

근육

심장도 우리 근육 중 하나이긴 하지만, 다른 근육들도 똑같이 중요해.
우리 덕분에 앨리스가 움직이고, 먹고, 숨 쉬고, 오줌도 눌 수 있는 거라고.

뼈

우리 뼈들이 없다면 근육은 그저 고깃덩어리일 뿐이야.
게다가 마지막까지 사라지지 않는 것도 우리잖아.
사람이 죽은 지 몇 해가 지나도
뼈는 계속 그대로 남아 있는 거 몰라?

이런, 그 말이 맞네….

뼈가 없었다면 내가 어떻게 생겼는지 몰랐을걸?

난소

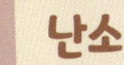
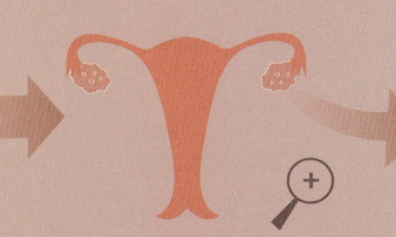

난소가 팩 토라졌어.
흥, 마지막까지 사라지지 않는 게 뼈라고?
진짜 사라지지 않게 해 주는 건 우리 난소라고!
나중에 앨리스가 아이를 갖고 싶어 하면
우리가 만든 난자가 남편의 정자와 합쳐질 거야.
난자와 정자가 합쳐지는 걸 수정이라고 하는데,
그러면 새로운 사람이 생겨나지.

우리 덕분에 사람들이 아이를 가질 수 있고, 그 아이들도 아이를
가질 수 있고, 그 아이들의 아이들도 아이를 가질 수 있어.
우리는 사람들이 다음 세대에 유전자를 전해 줄 수 있도록 해 준단 말이야.

몸속 기관들이 서로 고함치고 비아냥대며 난장판을 벌이던 그때,
갑자기 단호한 목소리가 들려왔어.

조용!

이렇게 외친 건 **뇌**였어.
뇌는 잿빛을 띤 분홍색 기관으로
주름이 자글자글하고
무게는 1킬로그램이 조금 넘어.

진정해. 모두 옳아. 우리 중 하나라도 없으면
앨리스는 살아갈 수 없어. 우리 모두 똑같이 중요해.
하지만 친구들, 누군가는 이 팀을 이끌어야 한다고.
가장 똑똑한 아이들만 모인 반이라고 해도
선생님 없이는 아무것도 배울 수 없어.
아무리 좋은 비행기라 해도, 아무리 중요한 사람이
타고 있다 해도, 비행기가 저절로 날 수는 없어.
조종사가 필요하다고. 사랑하는 기관 친구들,
내가 바로 선생님이고 조종사야.

    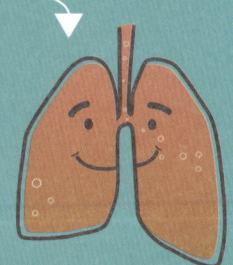

앨리스는 뇌의 말에 흥미를 느꼈어. 그래서 그 난장판에 끼어들었지.

그러니까 네가 이 모든 기관을 다 이끈다고?
그러면 나도 네가 이끈다는 뜻이야?

뇌가 앨리스를 돌아보며 대답했어.

어떤 면에서는 그래. 나한테는 네가 날마다 문제없이
살아가도록 돌볼 책임이 있어. 네가 만약 엄마가 되기로
마음먹는다면, 네 일부가 네 아이들과 그 아이들의
아이들 속에서 계속 살아 있도록 해 줄 책임이 있지.

앨리스 네 머릿속에 있는 군대를 말하는 거야.
나는 거의 천억 개에 이르는 '뉴런'을 이끌어.
네 머릿속에 있는 **신경 세포**들 말이야.

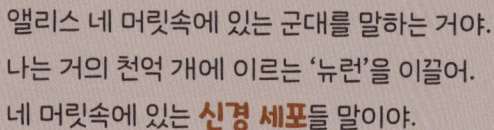

우리는 여기서 정보를 전달하지.

그리고 커다란 연결망을 만들어.

신경 세포는 **신경 전달 물질**이라고 하는 화학 물질의 도움을 받고 있지.

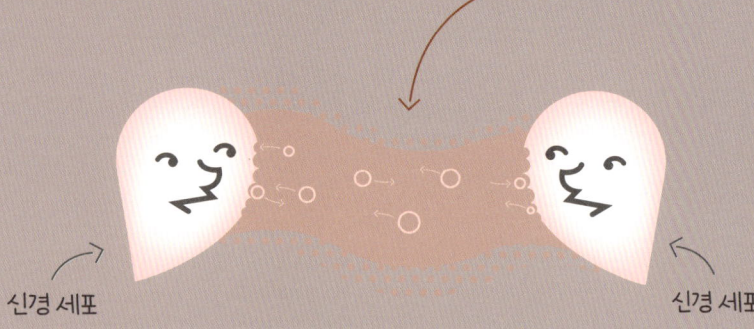

신경 세포　　　　　신경 세포

야호!　　우아, 좋다.

신경 전달 물질은 여러 종류가 있는데, 대개
도파민, 세로토닌, 히스타민, 엔도르핀, 옥시토신
같은 낯선 이름으로 불려.

그리고 저마다 다른 역할을 맡고 있지.
네가 행복한 기분이 든다면,
그건 **엔도르핀**이 나오고 있다는 뜻이야.

대체 몇 개나 있는 거야!!!

옥시토신은 네가 긴장을 풀고 편안히 있을 때 네 몸속을 돌아다니지.

"아무것도 하고 싶지 않아."
"가서 잘래."

"별일 아니야."
"맞아. 친구야, 긴장 풀어."

세로토닌 덕분에 너는 차분하고 균형 잡힌 상태로 있을 수 있어. 우울증을 앓는 사람이나 나이 든 사람은 세로토닌이 부족한 경우가 많아.

네 단짝 친구의 할아버지가 심술궂고 변덕스러운 건 세로토닌이 부족하기 때문이야.

"내 말이 맞단 말이다야!"

뇌가 말하는 동안에도 앨리스는 자기 뇌 속에 거의 천억 개에 이르는 신경 세포가 있다는 사실에 놀라고 있었어. 그건 46억 살인 지구의 나이에 22를 곱한 것보다 더 큰 숫자니까 말이야.

뇌는 솔직하게 인정했어.

사실 신경 세포가 너무 많긴 해. 사람은 일을 하면 돈을 받지만, 신경 세포는 일을 하면 그 대가로 에너지를 받아. 그런데 모든 신경 세포에게 나눠 줄 만큼 에너지가 충분하지는 않아. 그러니 어쩌겠어, 일하지 않는 신경 세포에게는 에너지를 못 주는 거지. 그래서 신경 세포들은 사람이 아주 어릴 때부터 뇌 속에서 일거리를 찾으려고 애를 써. 마구마구 가지를 뻗어서 이웃 세포들과 연결 고리(시냅스)를 만드는 거지. 일거리를 찾아내면 음식과 보살핌을 받을 수 있지만, 그러지 못하면 연결 고리가 끊어지고 죽음을 맞아.

어째서 나야???

미안하네 친구, 여기에 게으름뱅이가 있을 자리는 없어.

찰스 다윈

앨리스, 초등학교에 다니는 모든 아이가 그렇듯 지금 너는 인생에서 가장 많은 신경 세포를 가지고 있어. 유치원에 다니는 아이들보다도, 중고등학교에 다니는 언니 오빠들보다도 많지.

네가 고등학교에 들어갈 때쯤에는 신경 세포 세 개 중 하나는 다른 세포와 연결이 끊어지면서 죽음을 맞아. 이런 현상을 **시냅스 가지치기**라고 하고, 이런 현상을 설명하는 이론을 **신경 다윈주의**라고 해.

네가 색연필로 그림을 그릴 때, 책을 읽을 때, 나무에 오를 때마다 각기 다른 신경 세포들이 서로 연결되어 일을 해. 이 중 하는 일이 적은 신경 세포는 죽음을 맞을 수밖에 없어.

네가 좋아하는 그림 그리기가 좋은 예가 되겠구나. 어린아이들은 모두 그림 그리기에 적합한 신경 세포를 많이 가지고 있어. 그 세포들끼리 연결도 잘 되어 있고. 어린아이들은 대부분 그림 그리는 걸 좋아하니까. 하지만 시간이 지나면 색연필은 밀쳐 두고 컴퓨터 게임에 매달리곤 하지. 그러면 그림 그릴 때 일하던 신경 세포들은 할 일이 없어져서 서로 연결이 끊어지고 끝내는 죽음을 맞는 거야.

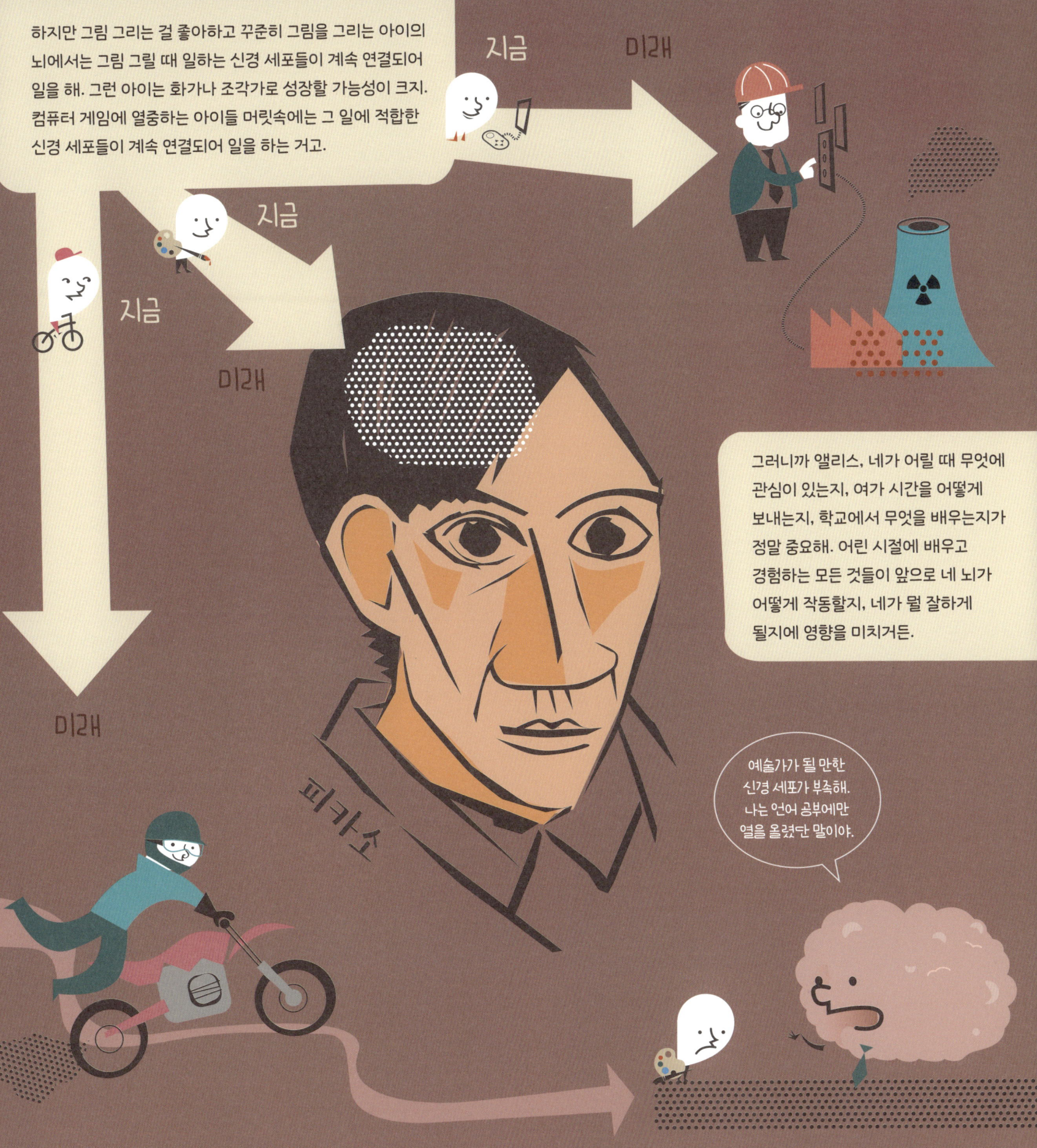

앨리스는 갑자기 벼락을 맞은 것 같았어.
그리고 이성적으로 생각하기 시작했지.

뇌야, 그런데 지금 무슨 일이 일어나고 있는 거야?
내가 어떻게 너랑 이야기하고 있는 거지?
나는 자고 있단 말이야!

뇌는 앨리스를 다독였어.

너는 지금 자면서 내가 나오는 꿈을 꾸고 있지만, 나는 실제로 존재해. 그래도 나는 네 몸속 기관일 뿐 사람처럼 너와 이야기를 나눌 수 있는 존재는 아니야. 그저 이렇게 꿈이라는 상상의 세계를 만들어 낼 뿐이지.

마루엽(두정엽)

이마엽(전두엽)

뒤통수엽(후두엽)

관자엽(측두엽)

소뇌

뇌줄기(뇌간)

하지만 네가 곤히 자는 동안에도 나는 계속 일을 해.
낮과는 조금 다른 방식이지만 말이야.
낮 동안 네가 경험하는 모든 것을 받아들이는 게 바로 나야.
네가 보고 듣고 느끼고 맛보는 모든 정보가 나한테 와.
나는 그걸 가지고 다음에 무엇을 할지 결정해야 하지.
네가 춥다고 느끼면 나는 네가 감기에 걸리지 않도록
스웨터를 입으라고 명령해야 해. 네 친구가 네 마음을
상하게 하면 뭐라고 받아칠지, 아니면 한 귀로 듣고
한 귀로 흘릴지 결정하는 것도 내 일이야.

가끔은 번개처럼 움직여야 할 때도 있어. 네가 뜨거운 것을 만지면 나는 곧장 아프다고 느껴. 그러면 찰나의 1초 안에, 그러니까 네가 미처 깨닫기도 전에, 손 근육을 수축시켜 손가락을 움츠리게 하지.

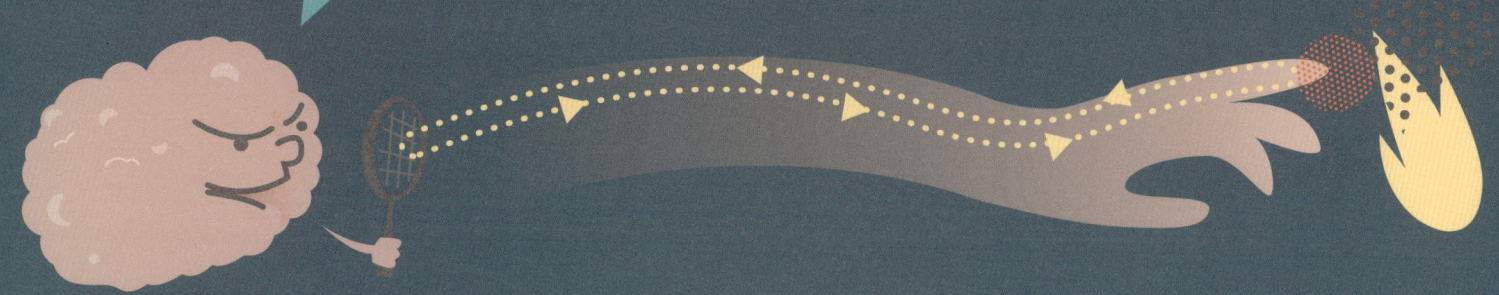

마찬가지로 누군가 네 눈앞에서 무언가를 흔들어 대면 너도 모르게 눈을 깜빡이지. 그런 반응을 반사라고 해.

이런 반사는 바로 일어나야 하기 때문에 내가 직접 관여하지는 않아. 내 밑에 있는 척수나 숨뇌(연수), 중간뇌 들이 처리하지.

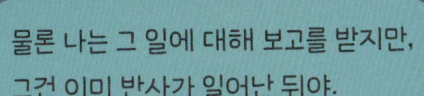

물론 나는 그 일에 대해 보고를 받지만, 그건 이미 반사가 일어난 뒤야.

그렇지만 그건 네가 깨어 있을 때 얘기지. 네가 잘 때는 눈, 귀, 코, 혀, 피부로 들어오는 정보가 아주 느리게 전달되거나 아예 전달되지 않아. 그때는 나도 조금 쉬면서 딴짓을 하지. 내가 무척 좋아하는 일을 한다거나 하면서 말이야.

앨리스가 외쳤어.
알겠다! 그럴 땐 꿈을 꾸게 하는 거지? 지금 이것도 네가 만들어 낸 꿈이고!

뇌가 빙긋 웃었어.
그래, 네 말이 맞아. 앨리스 너도 잘 알겠지만, 꿈속에서는 현실에서 일어날 리 없는 여러 가지 이상한 일들이 벌어지지.

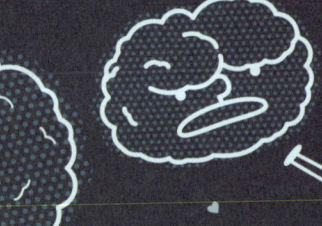

앨리스는 왜 꿈을 꾸는지 궁금해졌어. 그저 뇌가 재미있자고 꿈을 꾸는 건 아닐 테니까 말이야. 앨리스의 마음을 알아챘는지 뇌가 설명하기 시작했어.

사실 사람들이 왜 꿈을 꾸는지는 완벽하게 밝혀지지 않았어. 과학자들은 계속 다른 주장을 내놓고 있지. 대부분은 뇌가 활동하는 연습을 하는 게 꿈이라고 생각해. 하지만 앨리스, 이건 알아 둬. 잠자는 내내 꿈을 꾸는 건 아니야. 꿈은 얕은 잠이 들었을 때만 꾸는데, 그 상태를 **렘(REM)수면** 또는 **역설수면**이라고 해. '렘'은 '급속 안구 운동(Rapid Eye Movement)'의 머리글자를 따서 만든 말이야. 눈꺼풀로 덮여 있어서 보이지는 않지만, 렘수면에 빠져 있을 때 안구가 빠르게 움직이거든.

렘수면

하지만 네 몸의 나머지 부분은 마비된 것 같은 상태야. 그러니까 뒤척이거나 굴러다니지 않고 가만히 누워 있다는 뜻이지.

걱정할 건 하나도 없어. 잘못된 게 아니니까. 꿈을 꾸다가 다치지 않으려면, 오히려 이렇게 안 움직이는 편이 나아. 호랑이 꿈을 꾸다가 너도 모르게 옆에 누워 있는 남동생을 때릴 수도 있잖아.

왜 하필 나야?

렘수면은 아기의 두뇌 발달에 굉장히 도움이 돼. 심지어 엄마 배 속에 있는 아기들도 렘수면 상태로 잠을 잔다고 하지. 사람은 나이 들수록 렘수면 상태에 들어가는 일이 줄고 꿈도 덜 꿔. 그리고 대부분 꿈을 기억하지 못해. 꿈을 기억하려면 꿈꾸는 도중에 깨어나야 하지. 그런 경우라도 고작 몇 초밖에 기억하지 못해. 어쩌면 그편이 나을지도 몰라. 꿈은 대부분 쓸데없거든. 가끔 과학자들이 꿈에서 얻은 천재적인 발상을 바탕으로 중요한 과학적 발견을 하는 일도 있지만 말이야.

이거 꿈에서 봤어!

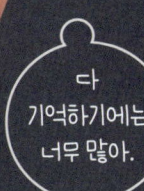
다 기억하기에는 너무 많아.

앨리스는 이야기를 들을수록 뇌에 대해 더 알고 싶어졌어. 그래서 뇌에게 더 이야기해 달라고 졸랐지. 길게 부탁할 필요도 없었어.

이미 나를 군대에 비유했으니까 계속해 볼게. 군대는 여러 소대가 모여 중대를 이루고, 여러 중대가 모여 다시 대대를 이뤄. 그리고 이 조직들은 저마다 전문적인 분야를 담당하지. 어떤 군인은 육군, 어떤 군인은 공군, 또 어떤 군인은 해군에 속해서 일하는 것처럼 말이야. 뇌 속의 신경 세포들도 크고 작은 여러 조직에 속해서 서로 다른 목적을 위해 일해.

이성

감정

생명 유지와 본능

요즘에는 뇌를 직접 들여다보면서 구조를 관찰하고 그 역할을 연구할 수 있어. 가장 기본이 되는 건 생명 유지와 본능을 담당하는 부분이야.

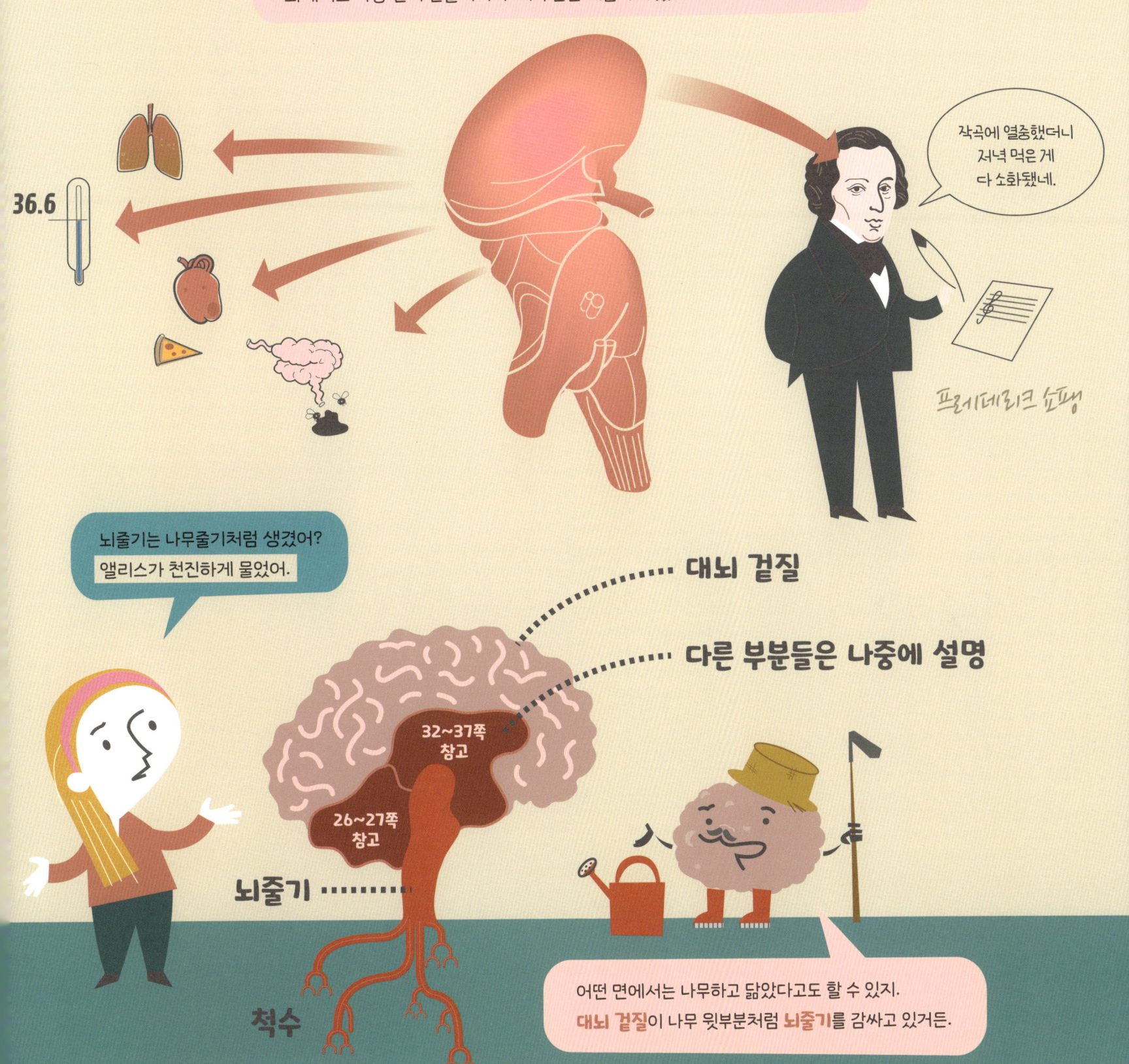

물론 뇌에는 뇌줄기도, 대뇌 겉질도 아닌 부분도 있지. 이를테면 **소뇌** 말이야. 앨리스, 웃지 마. 너 지금 '음매' 하고 우는 소를 떠올린 거지? 그 소가 아니라 '작다'는 뜻의 '소(小)'야. 비록 '소'가 붙긴 하지만 소뇌는 뇌에서 아주 중요하고도 흥미로운 부분이란다. 과학자들도 소뇌에 대해 제대로 알지 못했을 때는 그저 **평형 감각**만 담당한다고 생각했어. 하지만 지금은 **소뇌가 근육을 정교하게 움직이고 자세를 바르게 만들어 준다**는 걸 알지. 네가 코코아를 쏟지 않고, 피아노를 잘 치고, 평균대 위를 걸어갈 수 있는 건 다 소뇌 덕분이야. 소뇌가 특히 큰 동물은 바로 새지. 과학자들은 새들이 큰 소뇌로 얼마나 제 몸을 멋지게 움직이는지 알아가고 있어.

자세와 균형

소뇌는 근육이 오그라드는 정도를 조절한다.

소뇌

움직임을 조절하기 위해 뇌줄기, 척수와 연결되어 있다.

그렇지만 새들은 멍청하잖아. 앨리스가 깔보듯 말했어.

절대 아니야, 앨리스. 넌 아주 잘못 알고 있어. 뇌가 앨리스의 잘못된 생각을 바로잡아 주었어.

새가 얼굴로 사람을 구분하는 거 알아? 이런 연구가 있었어. 다른 색깔 외투를 입은 두 남자가 비둘기에게 먹이를 줬어. 그러다 갈색 외투를 입은 남자가 비둘기를 겁줘서 쫓아냈지. 하얀 외투를 입은 남자는 비둘기들을 상냥하게 대했고. 그러자 비둘기들이 하얀 외투를 입은 남자 주위에 모여들었어. 그러다 두 남자가 외투를 바꿔 입고 갔어. 그런데도 비둘기들은 계속해서 상냥한 사람 주위에 모여들었어. 갈색 외투를 입고 있는데도 말이야. 사람은 옷을 바꿔 입을 수 있으니까, 얼굴로 구분해야 한다는 걸 알고 있었던 거지.

운동 겉질과 연결 :
운동 겉질은 대뇌 겉질 중에서도 움직임을 계획하고 실행하는 부분이다.

뇌줄기
(23쪽과 26쪽)

특히 까마귓과 새들이 똑똑해. 까치나 까마귀 둥지를 망가뜨리면, 아주 오랜 시간이 지난 뒤에라도 복수를 당할 수 있어. 이 새들은 기억력이 엄청 좋거든! 너한테 덤벼들거나 쪼거나 머리에 똥을 쌀 수도 있다니까.

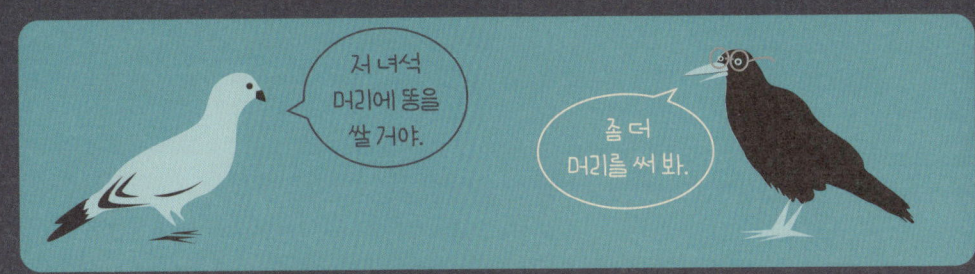

그거 아니? 까마귀는 목이 마른데, 눈앞에 있는 물그릇에 물이 너무 적어서 마시기 불편하면 물그릇에 돌을 던져 넣어. 마시기 편하게 물 높이를 올리는 거지. 까치는 친구가 죽으면 슬퍼하고 심지어 장례식을 치르기도 해.

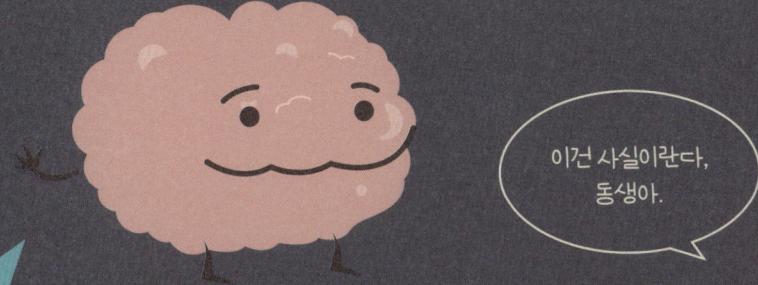

새들의 노랫소리에 귀 기울여 본 적 있니? 아주 아름답지! 그게 다 나보다 200배는 가벼운 새들의 뇌 덕분이라고. 사실 새의 뇌에 비하면 나는 한 무게 해. 1.5킬로그램쯤 나가니까. 까치의 뇌는 10그램도 채 안 나가거든.

그로부터 수천, 수백만 년이 지난 뒤에야 점점 더 복잡한 생명체들이 생겨나기 시작했고, 마침내 지금 너 같은 사람이 나타난 거야. 호모 사피엔스 사피엔스, 그러니까 현대인 말이야.

아프리카에서 탄생한 네 조상들은 4만 5천 년 전쯤에 유럽으로 왔어. 네 생각엔 그게 아주 오래전 일 같을 거야. 실제로도 사람 평균 수명의 560배나 되는 긴 시간이긴 해. 하지만 지구가 존재했던 시간이랑 비교하면 그야말로 눈 깜짝할 사이에 지나지 않아. 우주가 존재했던 시간과는 비교할 수조차 없지.

생각하고 적응해야만 했지.

왜 나야?

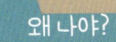

진화는 잘 만들어진 컴퓨터 프로그램 같아. 생명체의 어떤 구조나 특성이 쓸모 있고 효율적인지 확인해서 잘 돌보고 키워 나가지. 환경을 '따라잡지' 못하는 변화들은 버리고.

뱀, 도마뱀, 거북이 같은 파충류는 별로 똑똑하지도 않고 감정도 풍부하지 않아.
사랑에 빠지지도 않고, 질투하지도 않고, 짜증을 내지도 않지. 하지만 그냥 살아가는 데는 충분히 쓸모가 있어.

> 오늘은 감정 없이 사는 게 어떤지 알아볼게요.

> 전 좋아요. 불안하지도 않고, 스트레스도 없거든요.

> 그래도 전 한 번쯤은 사랑에 빠져 보고 싶어요.

우리의 뇌

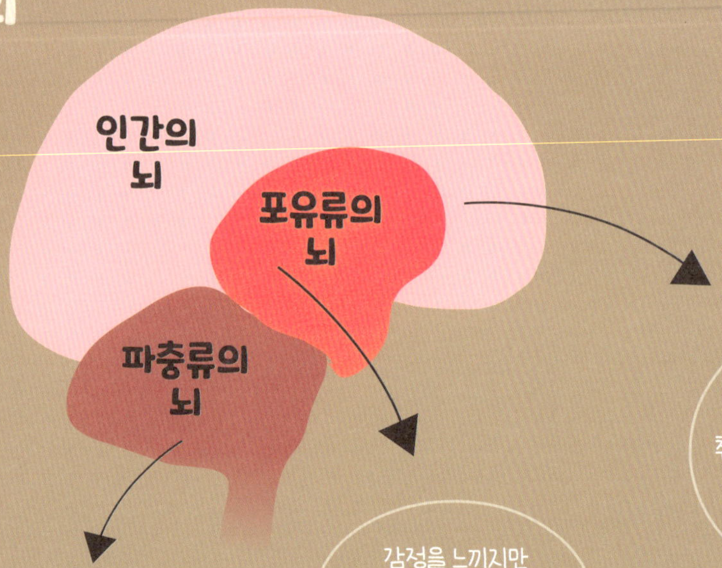

인간의 뇌
포유류의 뇌
파충류의 뇌

앨리스 너의 뇌, 그러니까 나는 다른 포유류의 뇌와 마찬가지로 파충류의 뇌보다 훨씬 복잡한 진화 과정을 거쳤어. 그 덕에 더 풍부한 감정을 느끼며 살아가지.

> 감정을 조절할 수 있고, 추상적인 생각을 할 수 있다. '이성의 뇌'라고도 한다.

> 감정을 느끼지만 조절할 능력은 없다. '감정의 뇌'라고도 한다.

> 생명을 이어가는 데 꼭 필요한 호흡·심장 박동·혈압 조절 따위를 담당한다. '생명의 뇌'라고도 한다.

어린아이들은 공격적일 때가 있어. 쉽게 화를 내고, 바닥에 누워 몸부림치고, 물건을 던지거나 하지. 감정이 넘쳐서 그런 거야.

이성이 감정을 통제한다.

아빠, 청소 다 했어요! 아이스크림 먹으러 가요!

와아아앙, 아이스크림 사 줘!

감정이 이성을 넘어선다.

에너지다!

하지만 너처럼 큰 아이들은 뭔가 얻고 싶은 게 있으면 방긋 웃고, 차분히 말하고, 가끔은 아부도 하지. 울고 소리쳐서는 안 된다는 걸 이미 알고 있거든.

그건 진화를 거치면서 가장 바깥쪽에 뇌가 하나 더 생겨났기 때문이야. **인간의 뇌** 또는 **이성의 뇌** 말이야. 이성의 뇌는 스무 살이 넘어야 비로소 발달을 마쳐. 그래도 너처럼 학교에 다니기 시작한 아이들은 어린아이들보다는 훨씬 더 발달한 상태지. 그리고 우리끼리 말인데, 가끔은 아이들이 어른들보다 무언가를 더 잘 이해하기도 해. 굳이 어른들 앞에서 자랑할 필요는 없지만 말이야.

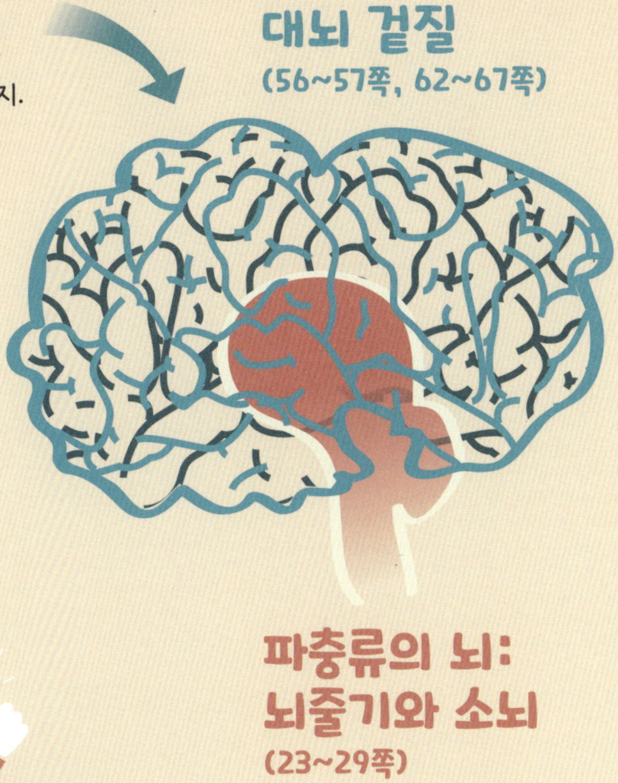

대뇌 겉질
(56~57쪽, 62~67쪽)

미치겠네! 이거 어떻게 하는 거냐?

여기 누르시면 돼요!

파충류의 뇌: 뇌줄기와 소뇌
(23~29쪽)

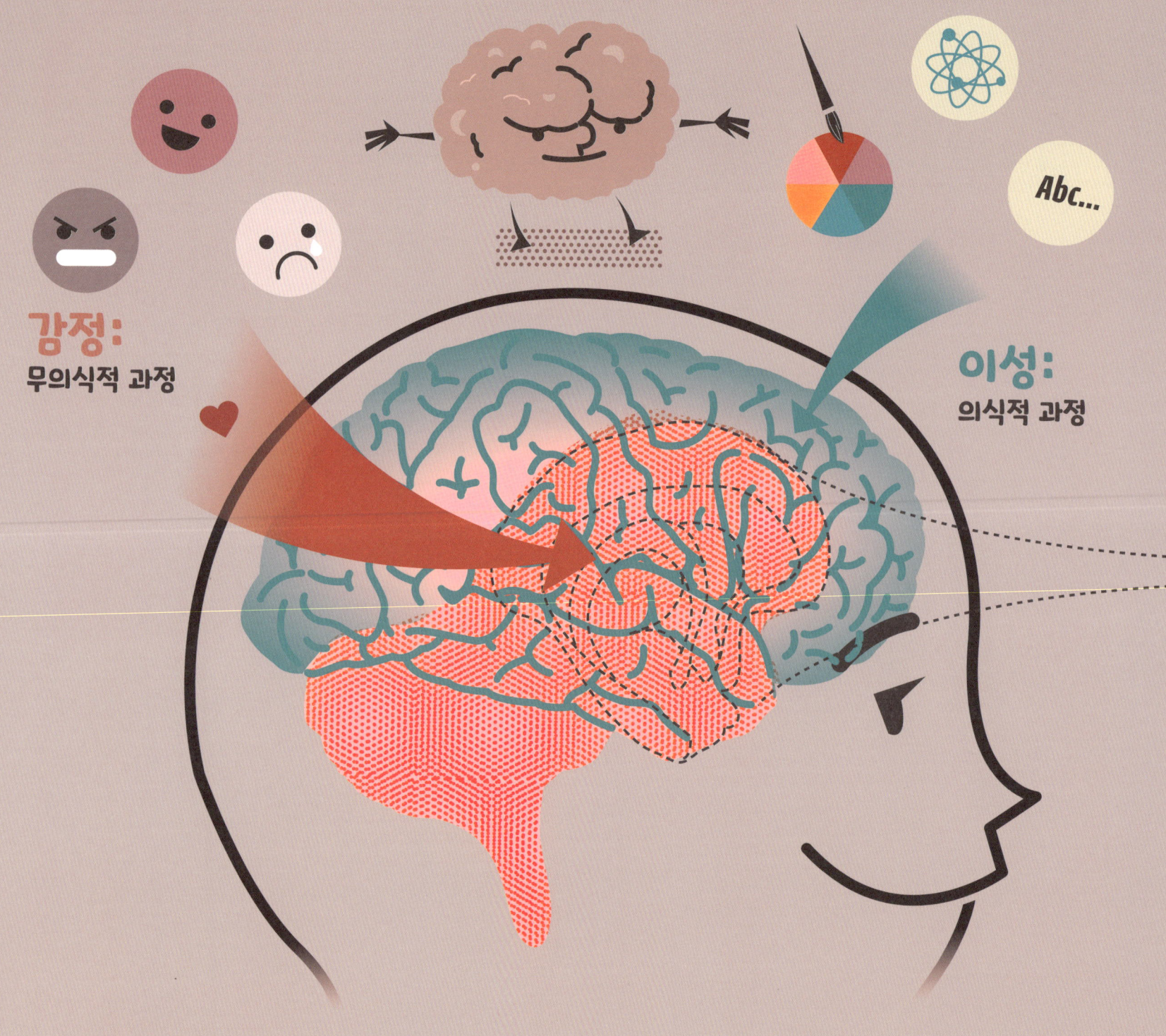

감정은 뇌 깊숙한 곳에 자리 잡은 **변연계**에서 조절해.
그 변연계 안에 네가 느끼는 갖가지 감정을 관리하는 아주 중요한 기관들이 들어 있어.

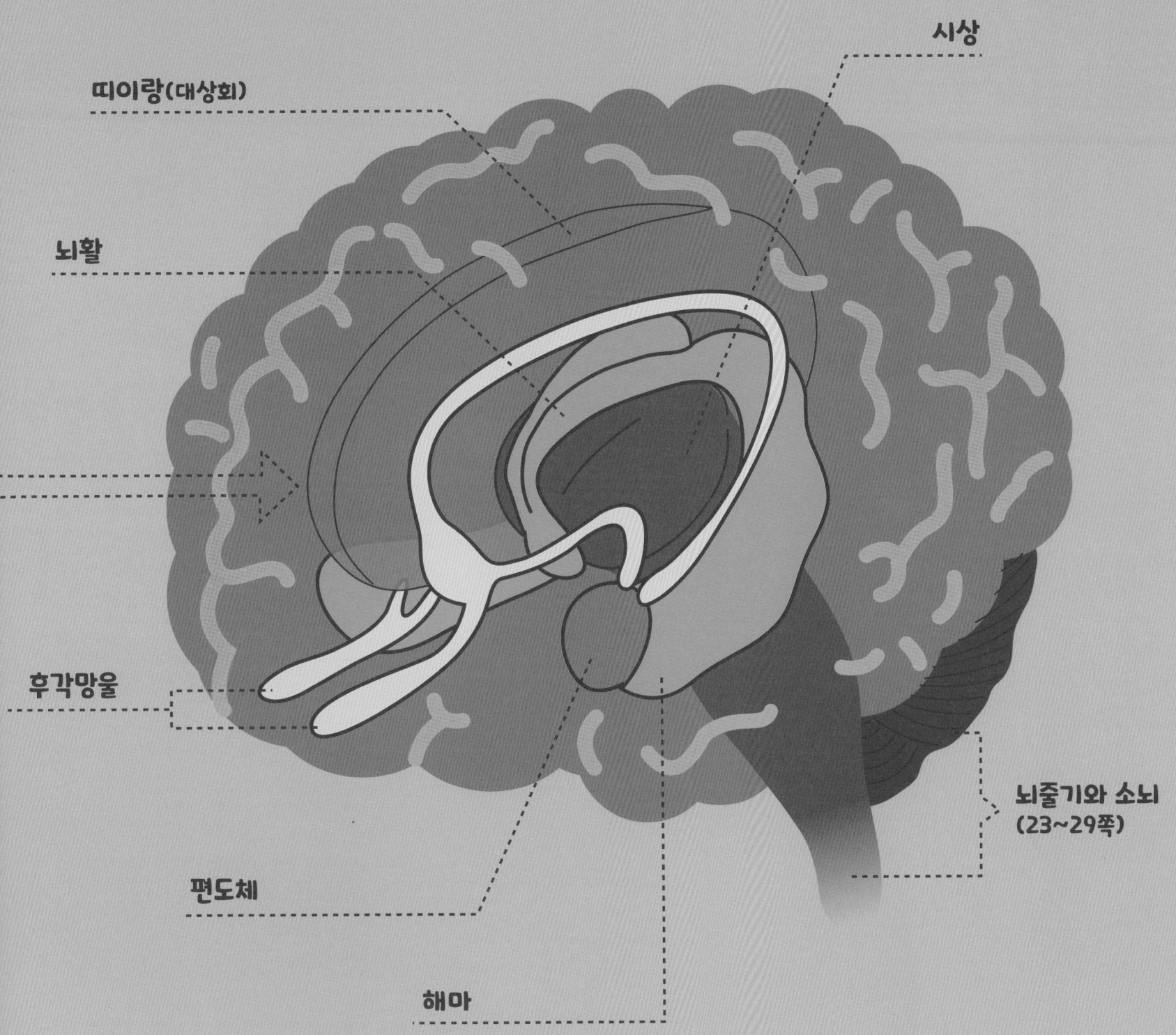

- 띠이랑(대상회)
- 시상
- 뇌활
- 후각망울
- 편도체
- 해마
- 뇌줄기와 소뇌 (23~29쪽)

예를 들어 **공포, 불안, 공격성**은 관자엽에 있는 **편도체**가 조절해.

자동으로 결정

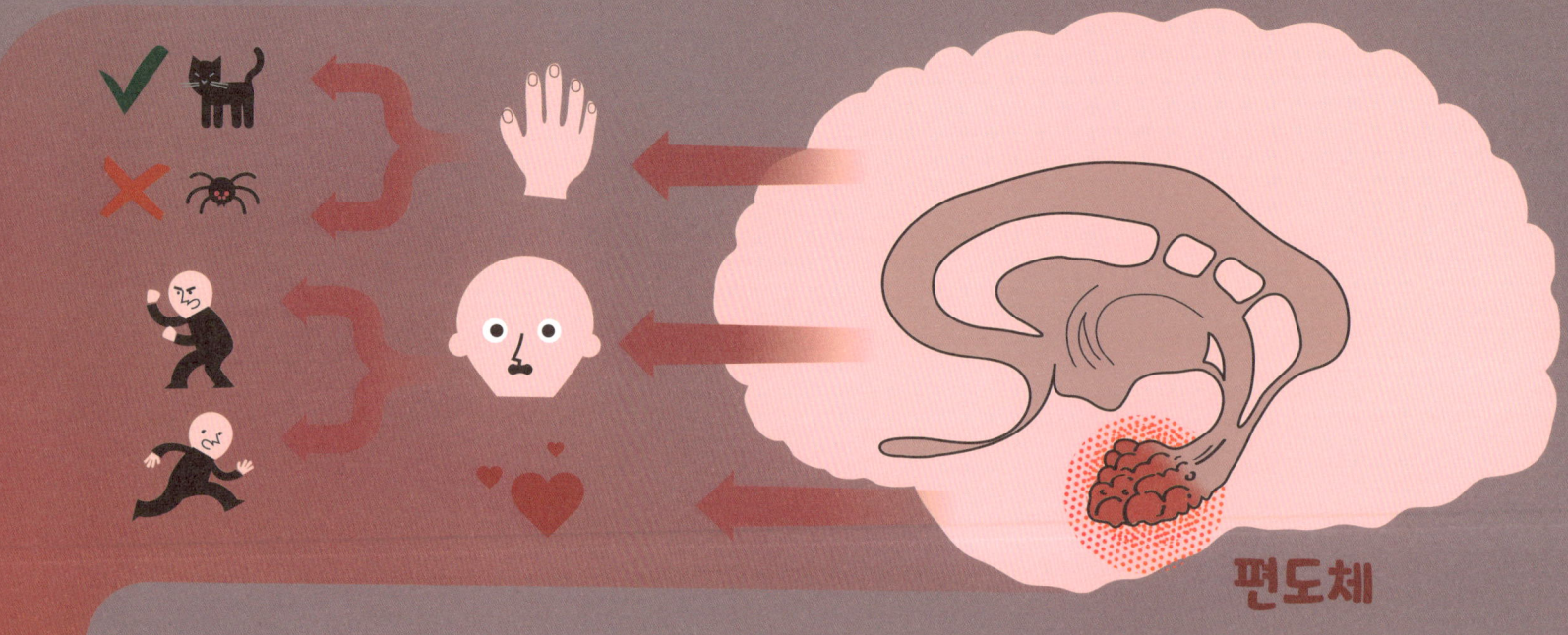

편도체

편도체는 위험한 상황에서 어떻게 행동할지를 알려 줘. 도망칠지, 싸울지, 아니면 가만히 있을지.

뇌가 자동으로 결정하는 법을 배우는 과정

경험		감정을 기억		이성적 결정
🩸	=	아픔	=	만지지 마!
🍦	=	즐거움	=	먹자!
🐻	=	두려움	=	도망쳐!

그러면 뇌에서 여러 물질이 흘러나와. 이 물질들은 여러 가지 작용을 하는데, 특히 근육을 긴장시켜서 네가 더 빨리 달아나거나 상대를 공격하게 해 주지.

긴장해!

위험한 상황에서 도망치거나 맞서 싸워야 하는 까닭은 알겠어. 하지만 왜 가만히 있어야 하는지는 모르겠단 말이지.

네, 긴장했습니다!

뇌가 웃으며 말했어.

그건 우리 원시 조상들이 남긴 흔적이야. 아주 드물긴 하지만 너무 겁이 나면 옴짝달싹 못 하는 경우가 있잖아. 몇몇 동물에게는 **위험한 상황에서 몸이 굳는 게** 어리석은 대응법이 아니야. 생각해 봐, 움직이지 않으면 눈에 띌 일도 적거든. 게다가 포식자가 발견해도 이미 죽었다고 생각하기 쉬워. 실제로 포식자들은 죽은 동물에 관심이 없거든. 청소동물이나 오래된 고기를 좋아하지.

킁킁, 어디 있지?

죽었잖아. 산딸기나 먹으러 가야겠다.

앨리스는 잠시 기억에 대해 생각한 뒤 말했어.
뇌야, 기억을 관리하는 건 해마라고 했잖아.
그런데 **기억에도 여러 종류가 있다고** 들었어.

역시 앨리스야! 그중 하나는 **감각 기억**인데, 감각 기억은 아주 짧게 지속돼.

감각 기억은 뇌의 어떤 부분에서 전기적 활동에 변화가 일어나는 거야.

① 자극 또는 정보

감각 기억이 작동하는 방식

자극   감각 기관이 자극을 모은다.   자극이 정보로 변한다.

1~4초

필요한 정보 → 단기 기억

선별

불필요한 정보

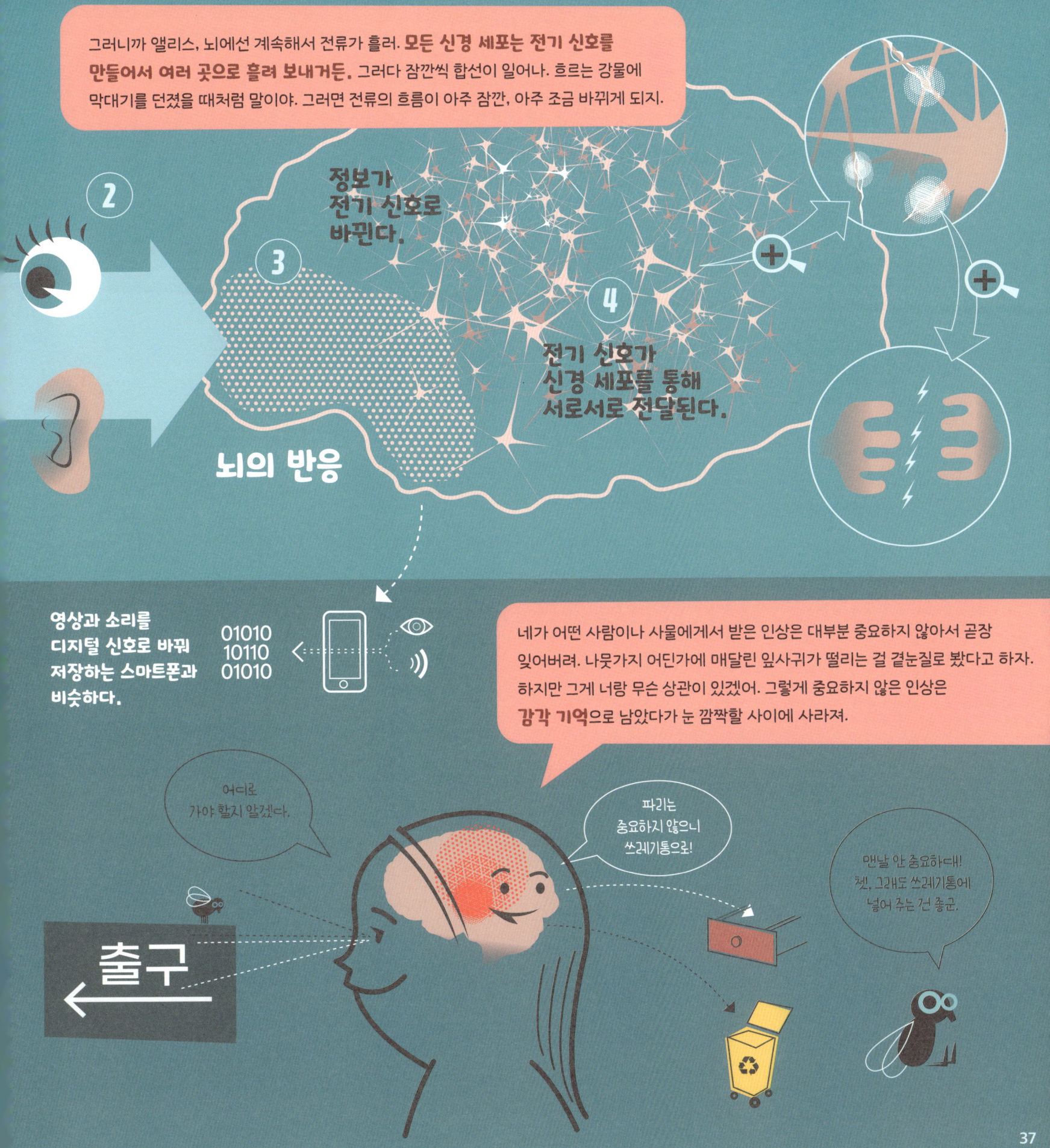

하지만 그 인상이 중요하면 뇌의 어느 부분에서 전류의 흐름이 바뀌면서 **작업 기억**을 만들어 내지.

중요

안 중요

작업 기억은 네가 일상생활을 할 때 자주 생겨나지만,
뇌 속에 오래 머물러 있지는 않아.
내가 작업 기억을 재빨리 지워 버리거든.

기억도 못 할 거면서 뭣 하러 인터넷에 시간을 버리는 멍청한 짓을 한담.

예를 들어 누군가 너에게 전화번호를 알려 줬다고 하자. 그 번호를 전화기에 저장하려면 잠깐은 기억해야 하지.
하지만 계속 기억할 필요는 없어. 몇몇 숫자가 일단 작업 기억 저장고로 들어가지만, 네가 그 숫자를 전화기나 수첩에 기록하고 나면
내가 머릿속에서 지워 버리거든. 나중에 전화기에 단축키나 이름을 입력하면 저장된 번호로 알아서 전화를 걸어 주니까.

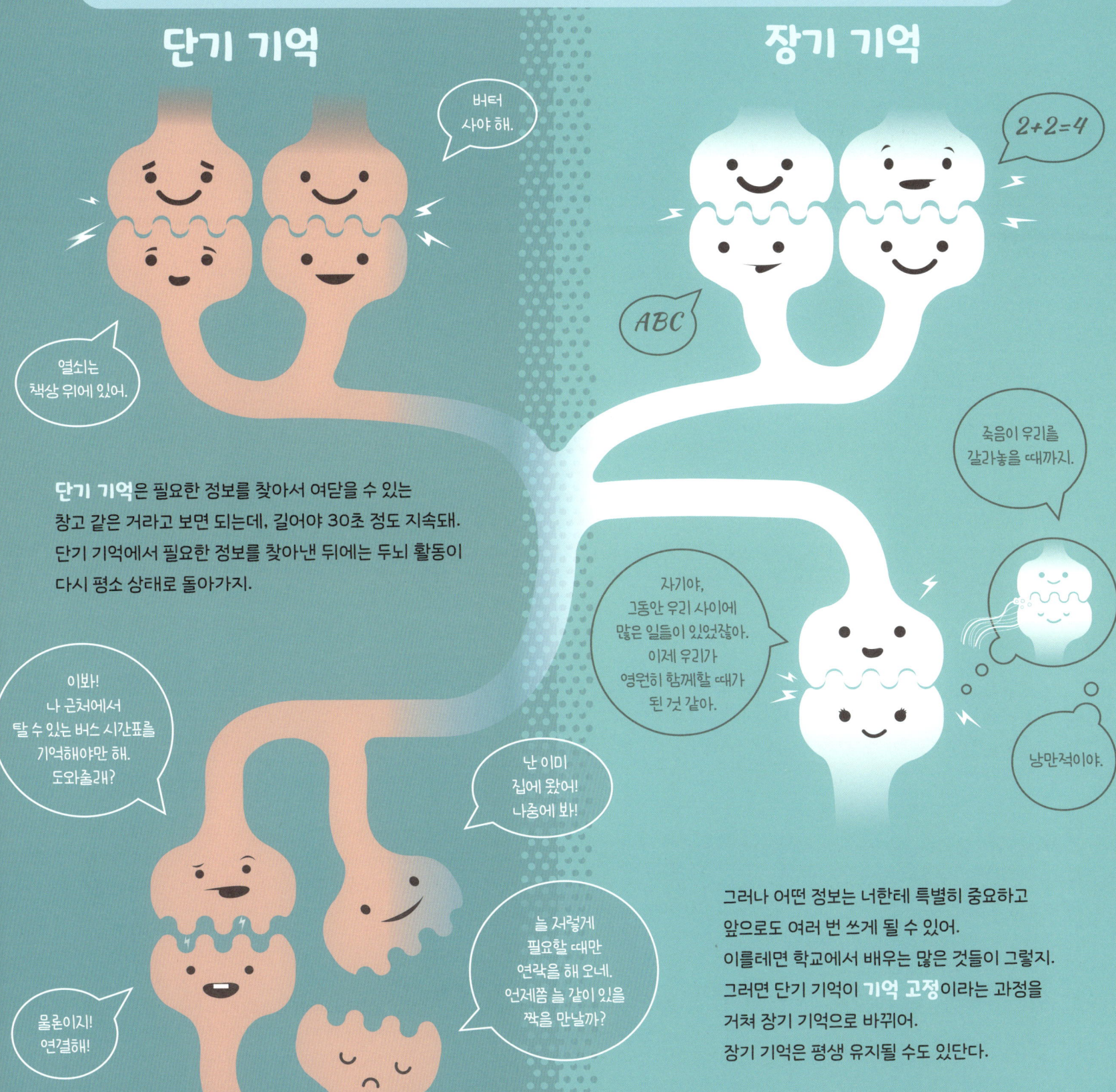

작업 기억, 단기 기억, 장기 기억은 돈에 비유할 수도 있어.

작업 기억은 주머니에 든 현금과 같아. 그 돈으로 아무 때나 뭔가 살 수 있지. 몇천 원을 꺼내면 핫도그를 먹거나 껌을 씹을 수 있어. 다만 보통 많은 돈을 몸에 지니고 다니지는 않지.

반면에 **단기 기억**은 은행 입출금 계좌에 든 돈과 같아. 입출금 기계에서 돈을 뽑을 수는 있지만, 돈을 내 손에 넣기까지는 시간이 좀 걸려. 게다가 어디에나 입출금 기계가 있는 것도 아니고.

뇌야, 내 삶에서 어떤 사건과 정보가 **더 중요하고 덜 중요한지** 네가 결정한 다음에 적절한 기억 저장고에 집어넣는다는 건 이제 알겠어. 그런데 무엇이 나한테 중요하고 필요한 일인지, 무엇이 기억에 남길 만한 일인지, 무엇이 빨리 지워 버릴 일인지 어떻게 알아?

그건 나처럼 천재적인 존재한테도 쉬운 일은 아니야. 보통은 반복되는 일이나 나한테 커다란 인상을 남긴 일을 중요하다고 봐.

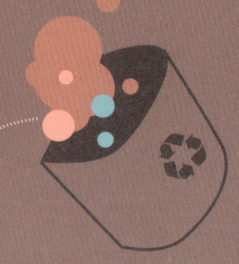

음… 지난여름에 갔던 바다 생각난다. 무시무시한 폭풍이 지나간 뒤에 본 아름다운 노을은 평생 못 잊을 거야!

반복된다.

특별하다.

어떤 일은 반복되지 않아도 평생 기억하곤 해. 뜨거운 것을 만져서 화상 입었던 날 기억나지? 난 그 일이 중요하다고 판단했기 때문에 네가 그 일을 계속 기억하기를 바랐어. 그러니까 그 일을 떠올리려고 뜨거운 걸 만질 필요가 없지. 그런 기억은 사라지지 않아. 기분이 정말 좋았던 기억도 마찬가지야. 강한 감정을 불러일으킨 경험은 단 한 번이라도 평생 기억에 남아. 그런 걸 **각인**이라고 하지.

헤헤헤, 난 각인될 거야!

우리는 여러 번 일어났던 일도 기억해. 그래서 **반복 학습이 효과적인 공부법**인 거야. 지루하더라도 내 말을 믿어 봐.
어떤 단어든 50번만 되풀이하면 결국 기억하게 된다니까.

앨리스는 뇌의 제안이 별로 마음에 들지 않았어.
솔직히 말할게, 뇌야. 난 뭐든 50번씩 되풀이하면서 억지로 외우고 싶지 않아. 시간이 엄청나게 걸리잖아.
좀 더 빨리 해결할 방법은 없어?

사실 무조건 외우는 방식은 시간이 오래 걸리긴 해.
특히 피곤하거나 산만할 때는 지식이 머릿속에 잘 들어가지 않아.
수업 시간에 딴생각에 빠져 있으면 선생님이 무슨 말씀을
하시는지 알 수 없는 것처럼 말이야.

어쩌고 저쩌고!

무언가를 외우려면 정신을 바짝 차리고 집중해야 해.
그러니까 시험공부를 하다가 피곤하거나 졸리면
더 공부해 봐야 소용없어. 그럴 땐 차라리 잠깐 낮잠을
자거나 산책을 나가거나 동생하고 놀아 주는 게 나아.
조금 쉬고 나면 공부가 더 잘될 거야.

뇌가 말을 이어 갔어.

다른 방법은 기억 저장고에 있는 기억을 불러내는 거야. 피타고라스의 정리를 알고 있다 해도 꼭 필요한 순간에 기억해 내지 못하면 무슨 소용이 있겠어. **어떤 기억을 불러내려면 기억을 떠올릴 만한 단서를 만들어 두는 것도 좋아.** 옛날 사람들은 기억해야 할 일이 있으면 손수건 귀퉁이를 묶어서 매듭을 만들어 두곤 했어. 나중에 그 매듭을 보면서 기억해야 할 일이 있다는 것을 떠올리고, 곧이어 그 기억을 불러냈던 거지.

기억의 흔적이 생겨난 지점으로 되돌아가면 기억이 돌아오기도 해. 뭔가를 하려고 방에서 나갔는데, 뭘 하려고 했는지 잊어버린 적 있지 않니? 그럴 땐 방에 도로 들어가 보면 기억이 날 때가 많아.

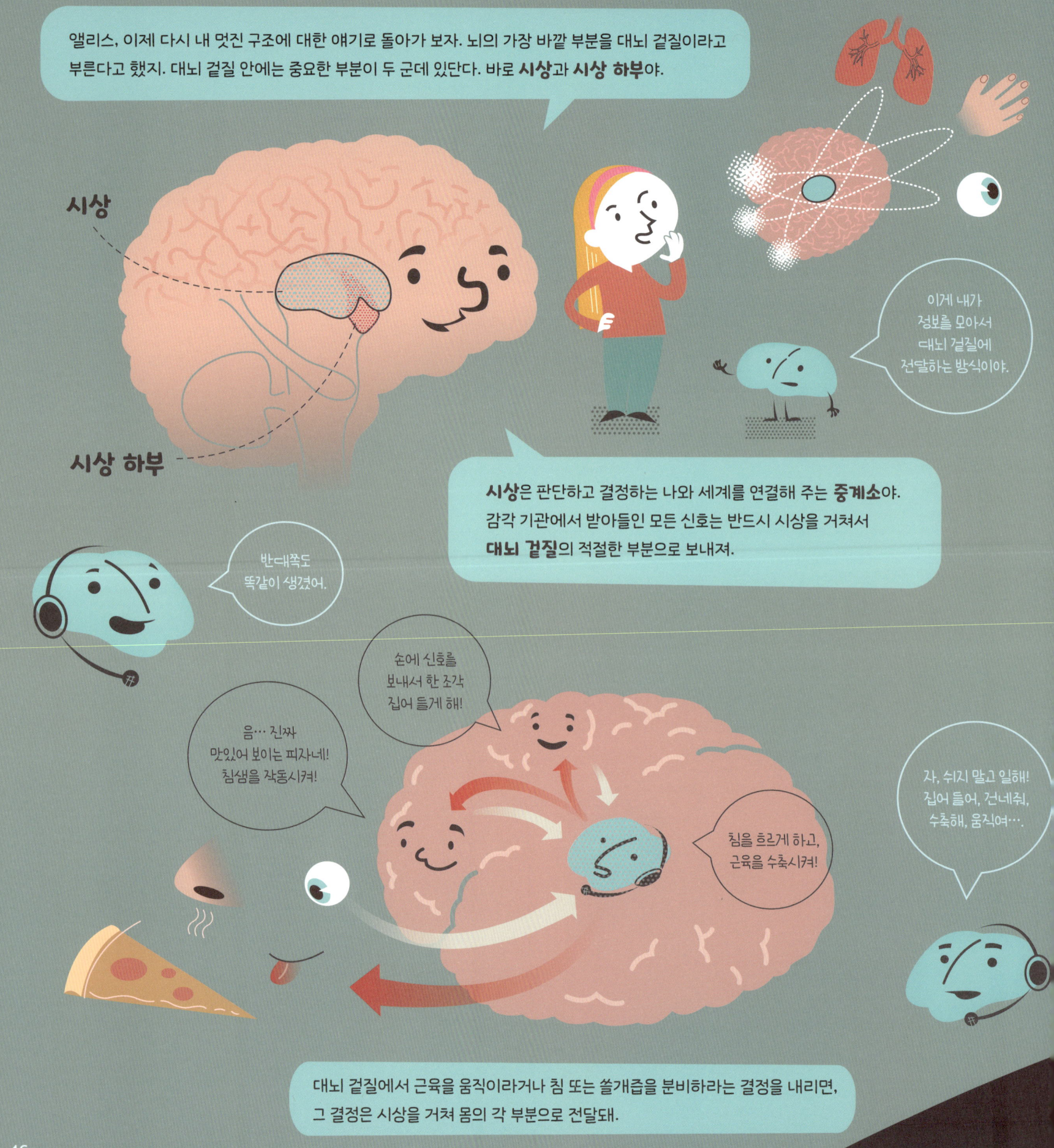

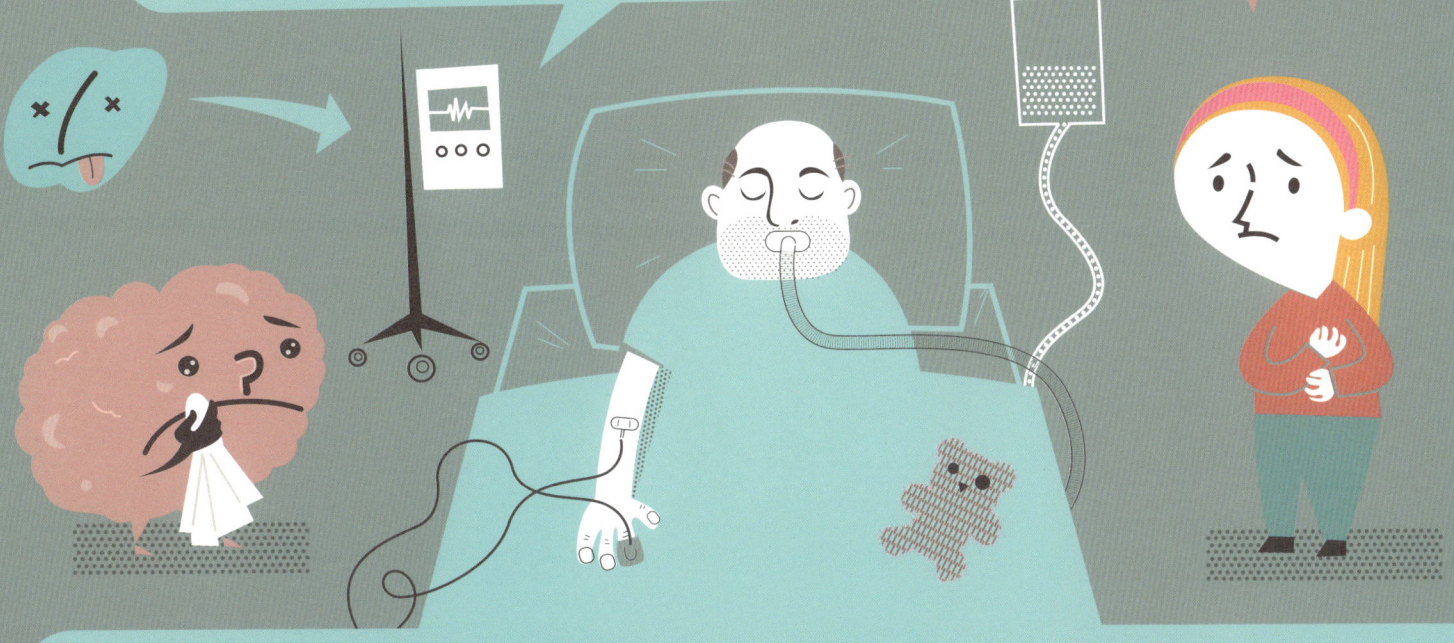

시상이 손상되면 혼수상태에 빠지게 돼.
살아 있지만 의식이 없어 세상과 소통할 수가 없지.
잠든 것처럼 보이지만, 무슨 수를 써도 깨울 수가 없어.

그럼 죽은 거나 다름없잖아.
그런데도 죽은 게 아니야?

그렇게 볼 수도 있지. 그래서 옛날에는 가끔 **혼수상태**에 빠진 사람을 죽었다고 착각하기도 했어. 감각이 전혀 없으니까.
하지만 걱정 마. 지금은 의료 기기가 발달해서 혼수상태에 빠진 사람을 죽었다고 착각하는 일은 없으니까.
안타깝게도 혼수상태에 빠진 사람을 모두 깨울 수 있는 건 아니지만 말이야. 그래도 다행히 점점 더 많은 의사와 과학자들이 혼수상태에 대해 연구하고 있어. 시상에 전기 자극을 주면 환자가 혼수상태에서 깨어나는 데 도움이 될 때도 있대.

이봐, 무슨 짓이야! 나 살아 있어! 살아 있다고오오오!

앨리스는 조금 겁이 났어.
죽음 같은 슬픈 얘기는 그만해. 무섭단 말이야!

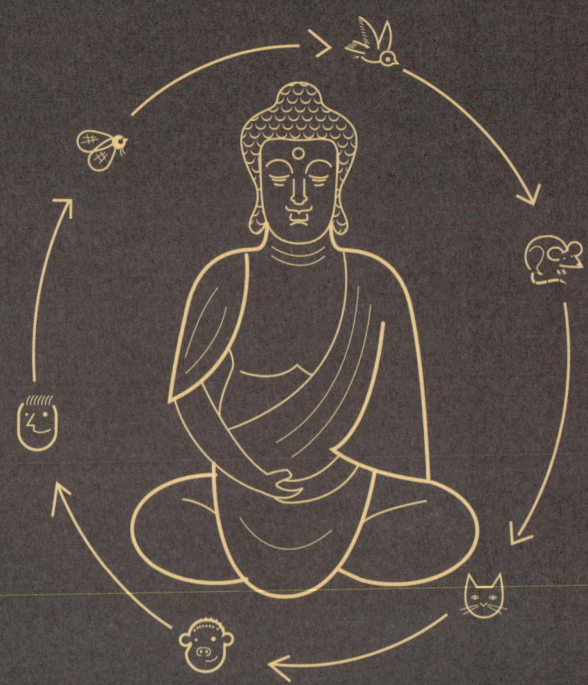

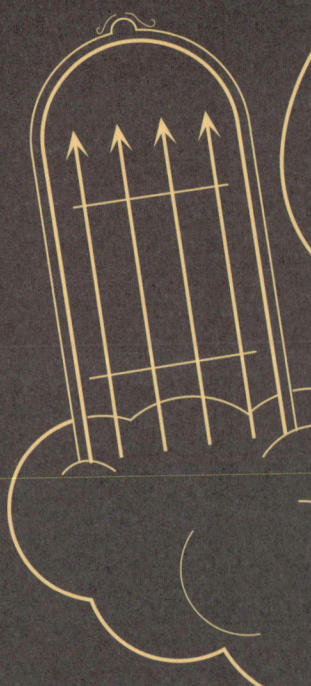

사람은 누구나 죽음을 두려워해. 그리고 그건 좋은 일이야.
죽음이 두렵지 않다면 훨씬 더 빨리 죽을 테니까.
다들 죽음에 대한 두려움 때문에 건강을 돌보고 이성적으로
행동하는 거야. 게다가 죽음을 두려워하는 건 이상한 일이 아니야.
죽음 뒤에 무슨 일이 벌어지는지는 누구도 알지 못하니까.

하나 줄까?

우엑!

너희 아빠는 죽으면 천국에 간다고 하고, 너희 엄마는 죽으면 그냥 사라진다고 하지.
신이나 천국 같은 건 없다면서 말이야.

어린 톰은 사람이 죽으면 완전히 사라져 버린다는 게 좀처럼 이해가 가지 않았어.
그러자 톰의 아빠는 삶과 죽음은 연필 같은 거라고 말했어. 연필을 쓰다가 뭉툭해져서 깎으면 짧아지지.
또 쓰다가 뭉툭해져서 깎으면 짧아지고. 그렇게 점점 더 짧아지다가 완전히 사라지게 돼.
하지만 연필은 사라져도 연필로 쓰고 그린 모든 것은 여전히 남아 있지.

너희 아빠와 엄마, 둘 중 누가 옳은지는 따지지 말기로 하자.
신이 존재하는지, 죽음 뒤에 무엇이 기다리는지 같은 질문에 과학은 답을 들려줄 수 없거든.

나는 알지!

달라이 라마

내가 금방 전부 설명해 줄게.

알베르트 아인슈타인

과학은 종교를 하나의 이야기로 취급하면서 종교와 일정한 거리를 두려고 해. 생물학자처럼 생명체를 연구하는 학자들은 모든 사람은 죽는다고 아주 확실하게 말하지. 각각의 생명체는 나이가 들면 죽지만, 우리의 유전자는 수천 년, 심지어 수백만 년 넘게 살아남을 수도 있어.

뇌가 앨리스의 눈치를 살폈어.
이런 얘기를 들으니 조금 슬픈가 보구나. 그럼 내 구조에 대한 얘기로 돌아가 보자. **시상 하부**도 뇌에서 아주 중요한 부분이야.
체온을 조절하고, **배고픔**이나 **목마름**을 관리하고, **호르몬 분비**도 조절하지. 말하자면 네 몸의 호르몬 교향악단을 지휘하는 지휘자인 셈이야.

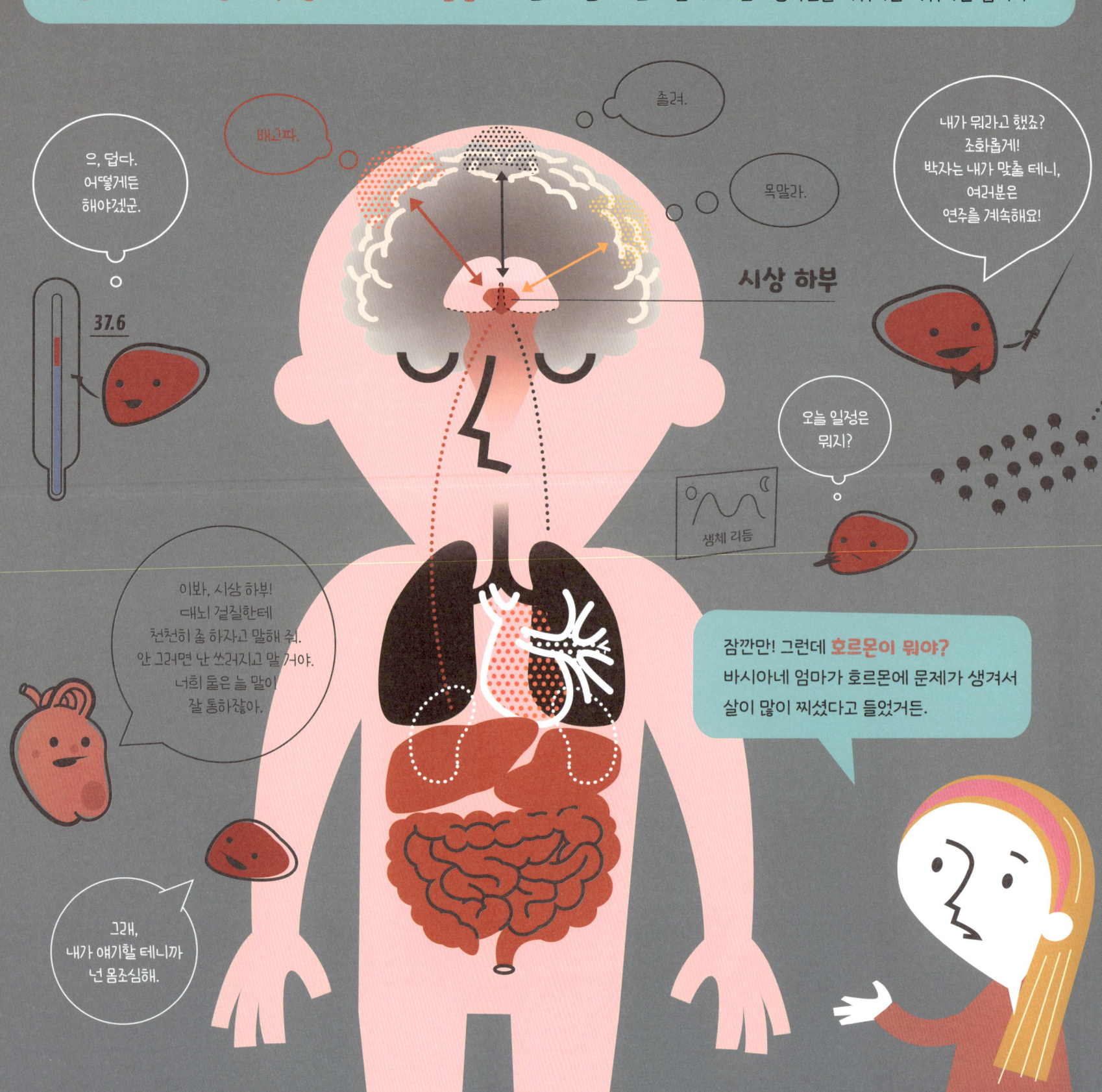

앨리스, 좋은 예를 떠올렸구나. **호르몬**은 실제로 아주 중요해. **물질대사**, 그러니까 생명체 안에서 일어나는 물질의 분해나 합성 따위를 조절하거든. 하지만 그것만이 아니야. 사실 호르몬은 그야말로 **네 몸의 모든 것을 조절**해. 언제나 피와 함께 일할 곳을 찾아 온몸을 돌아다니지.

좋아! 여긴 다 잘 돌아가고 있어!

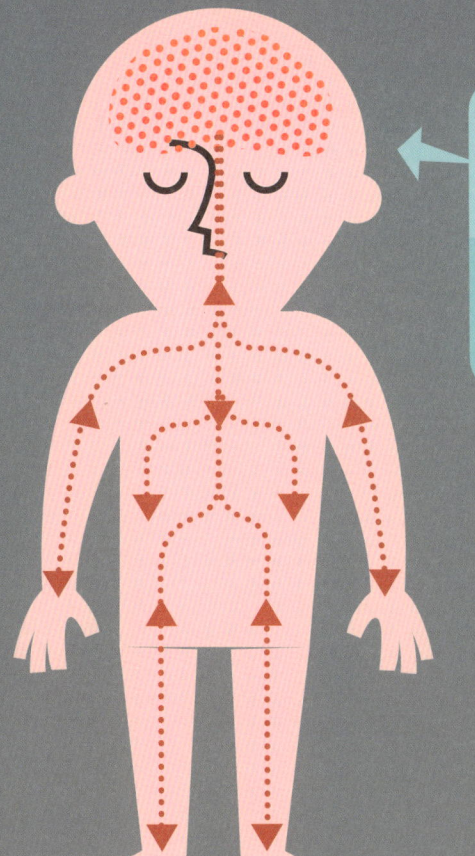

뇌와 척수, 그리고 신경 다발로 이루어진 신경계는 유선 전화 같아서 신호가 정해진 길을 따라 정해진 곳으로만 가게 되어 있어. 그에 비해 호르몬을 만드는 **내분비계**는 라디오 방송국 같아서 신호가 사방으로 퍼져 나가. 하지만 주파수에 맞춰진 기관만 신호를 잡을 수 있지.

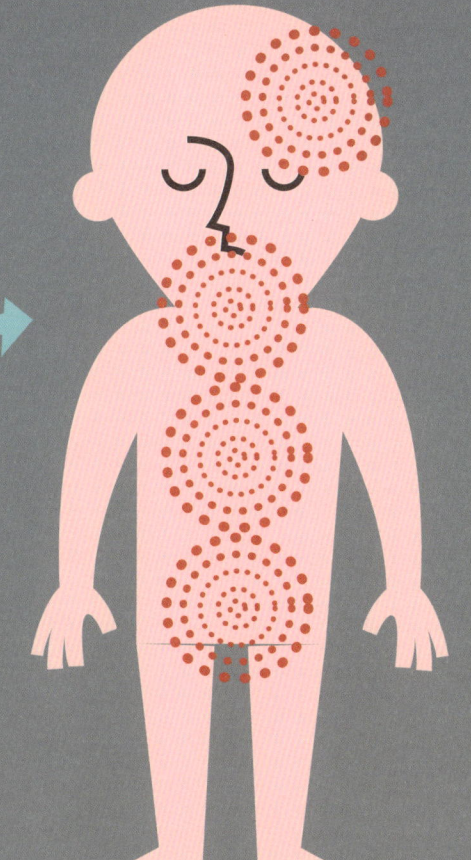

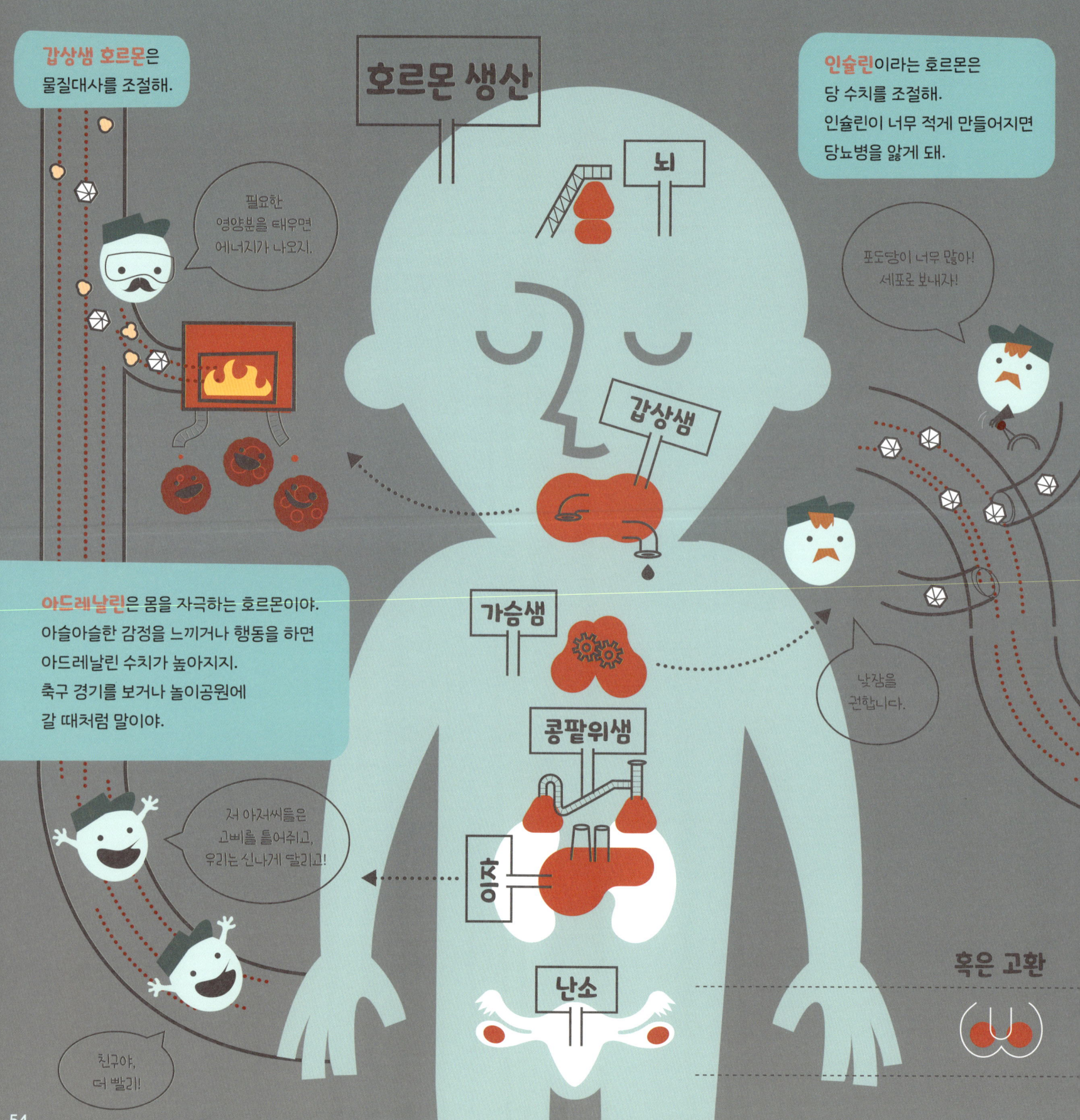

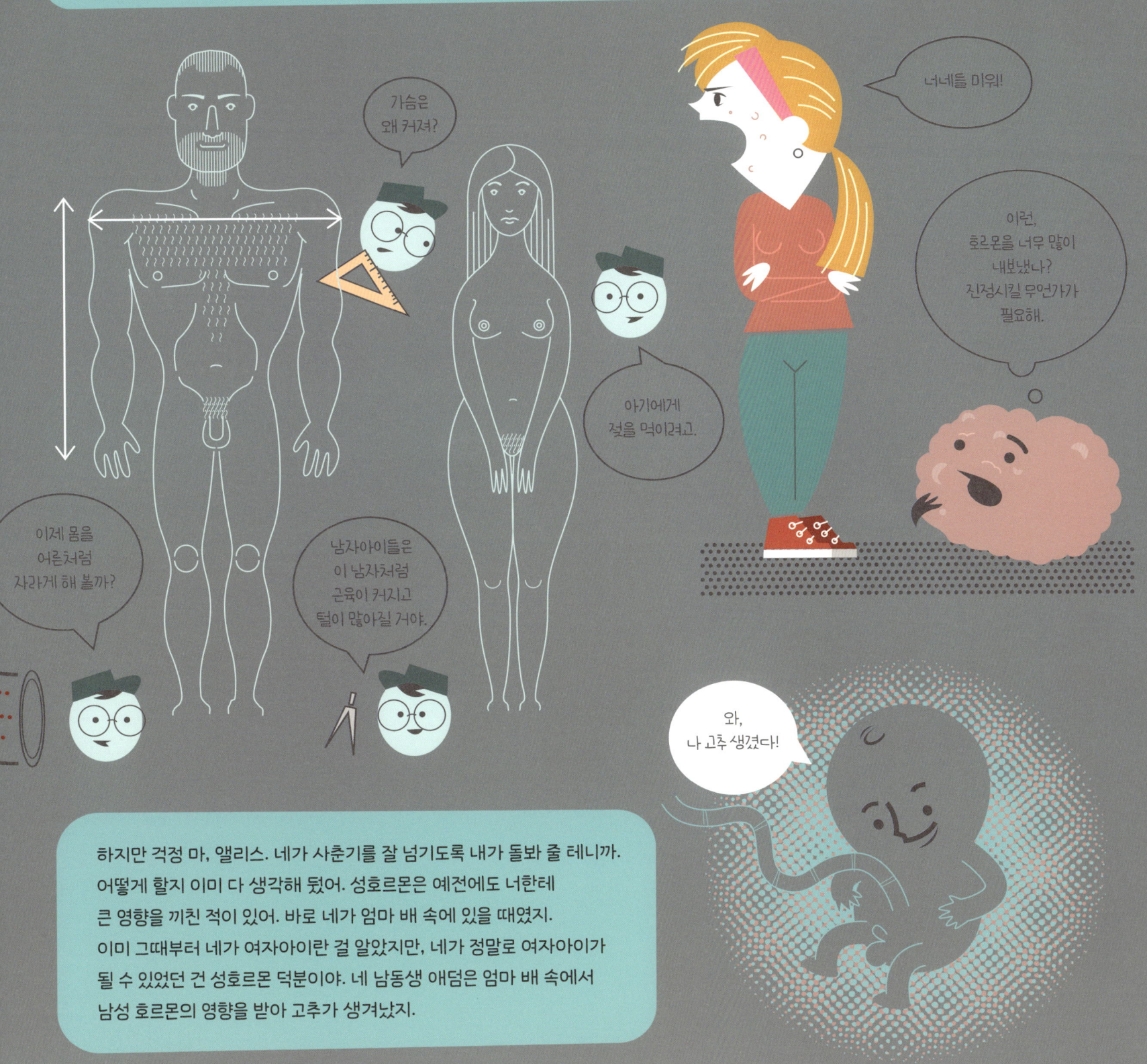

뇌에서 가장 발달한 부분은 **대뇌 겉질**이야. 이미 설명했듯이 대뇌 겉질은 **기억과 언어, 생각을 비롯한 많은 일을 담당**해. 물론 기억은 해마와 함께 담당하지.

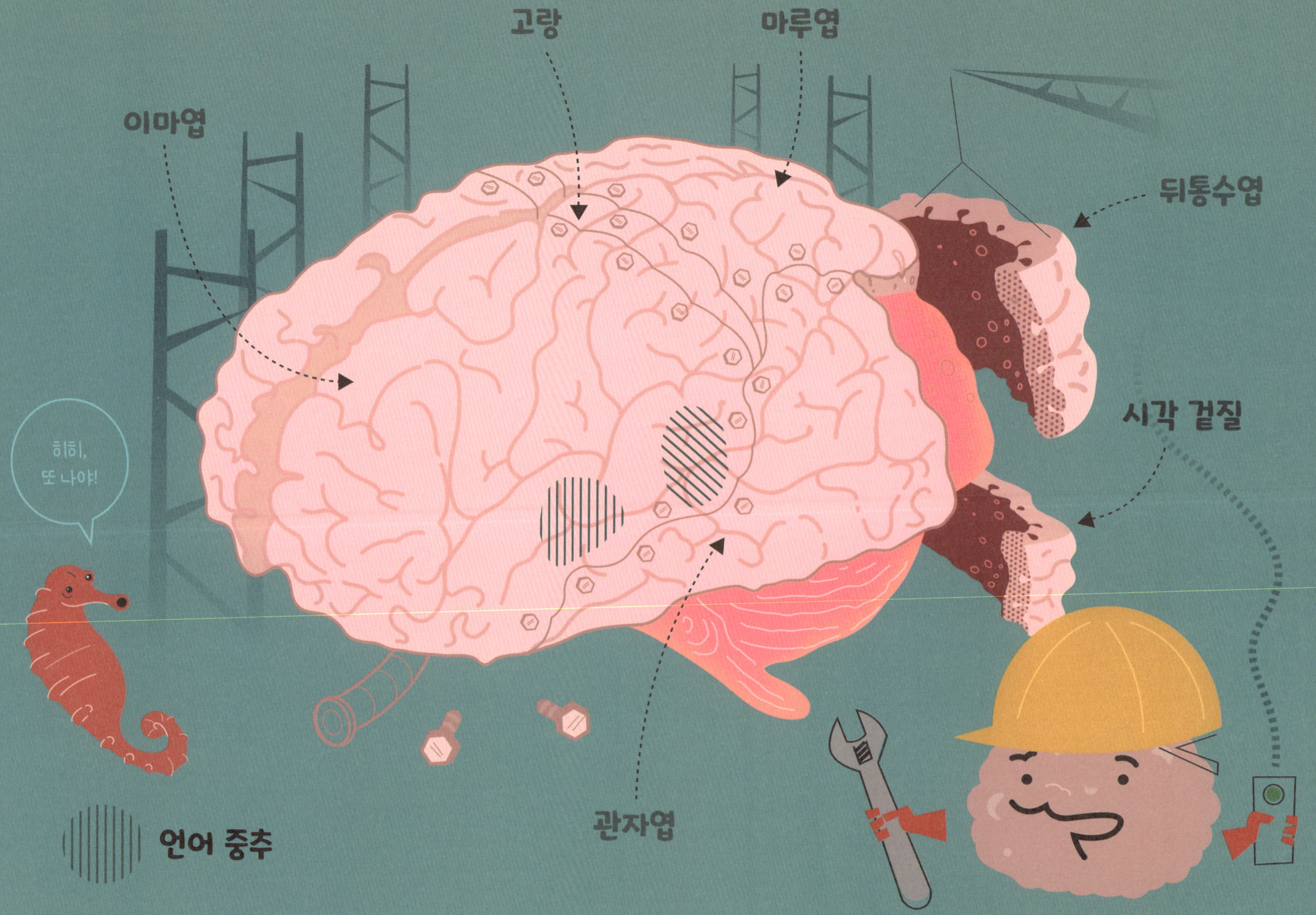

이마엽 고랑 마루엽 뒤통수엽 시각 겉질 관자엽

언어 중추

히히, 또 나야!

모든 포유류와 조류, 어류, 양서류, 파충류는 겉질을 가지고 있어. 하지만 물고기 같은 어류나 도마뱀 같은 파충류의 겉질은 더 작고 덜 발달되어 있지. 이렇게 대놓고 이야기해서 미안한데, 이런 동물들은 그리 똑똑하지 않아. 사람은 모든 동물 중에서 가장 발달된 겉질을 가지고 있는 덕에 말을 할 수 있지. 바로 대뇌 겉질에 **언어 중추**가 자리 잡고 있거든.

뭐야, 뭐야. 앞에서 했던 얘기랑 다르잖아.

겉질

하지만 동물도 나름의 방식으로 말하잖아.
앨리스가 받아쳤어.

네 말이 맞아. '나름의 방식'이라는 표현이 딱 맞겠네. 동물도 '거의' 말을 하지. 그런데 그 '거의'가 큰 차이를 만들어. 물론 동물도 다양한 신호를 주고받으며 서로 의사소통을 해. 위협을 받으면 동료에게 경고를 보내기도 하고. 특히 돌고래와 코끼리는 의사소통을 잘하는 편이야. 하지만 그 어떤 동물도 사람처럼 문장을 만들지는 못한다고 알려져 있어. 과학자들이 아직 밝히지 못한 것일 수도 있지만, **언어는 오로지 사람만이 가진 특성이야.**

좋아요, 좋아!

차 좀 더 드릴까요, 코끼리 님?

언어를 쓴다는 것은 제한된 단어로 무한한 문장을 만들어 낼 수 있다는 뜻이야. 어떤 말도 할 수 있고, 어떤 생각도 표현할 수 있지.

머리가 생각해 낸 모든 것을 말하려면 유연한 언어가 필요하다.

폴란드 낭만주의 시인
율리우시 스워바츠키

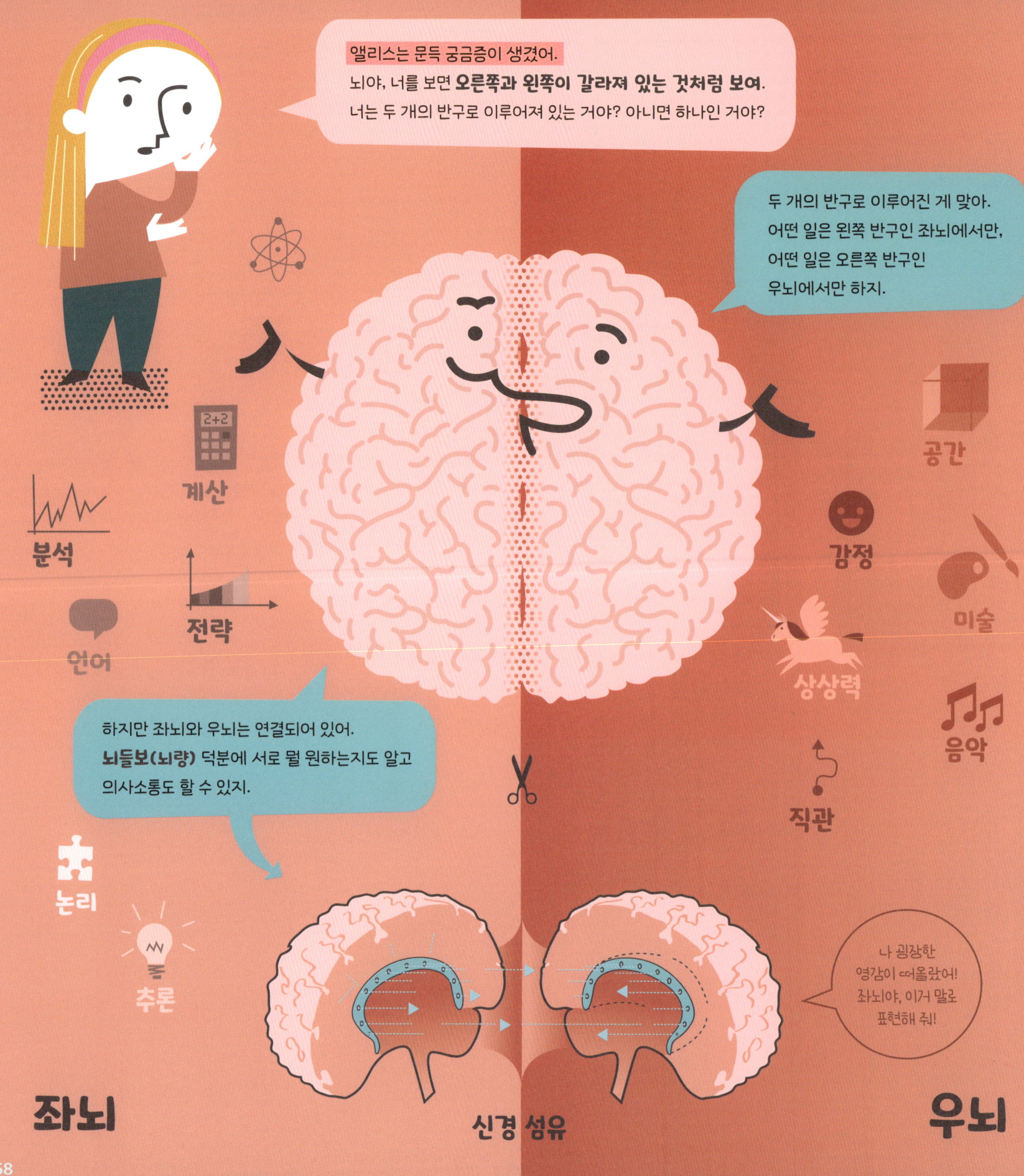

네가 보고 듣고 느끼는 거의 모든 감각 정보는 **뇌들보를 지나 뇌로 들어간단다.**

좌뇌

우뇌

좌뇌는 몸 오른쪽 부분의 움직임을, 우뇌는 왼쪽 부분의 움직임을 담당한다.

우뇌는 왼손을, 좌뇌는 오른손을 조종한다.

왼손

오른쪽 눈

오른쪽 눈으로 본 것은 왼쪽 겉질에서, 왼쪽 눈으로 본 것은 **오른쪽 겉질**에서 감지한다.

좌뇌가 주로 이성적인 부분을 담당하니까, 보통은 몸의 오른쪽이 조금 더 효율적으로 움직여. 그래서 대부분의 사람들이 글을 쓰거나 밥을 먹거나 수도꼭지를 틀 때 오른손을 쓰는 거야.

대뇌 겉질 중에서 가장 나중에 발달하는 부분은 **이마엽**이야. 이 부분은 네 눈 뒤에 있어.
네가 뭘 할지 계획하거나 미래를 상상할 때 일하는 부분이지. 이마엽은 주로 학교에서 공부를 할 때 발달해.

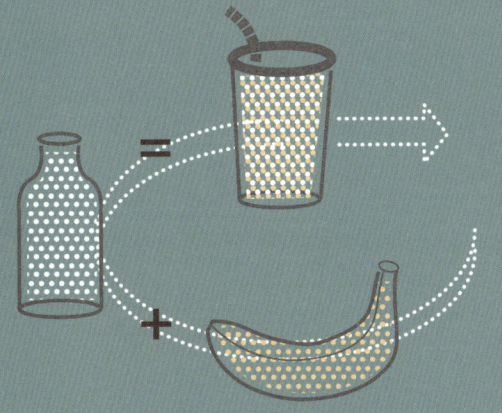

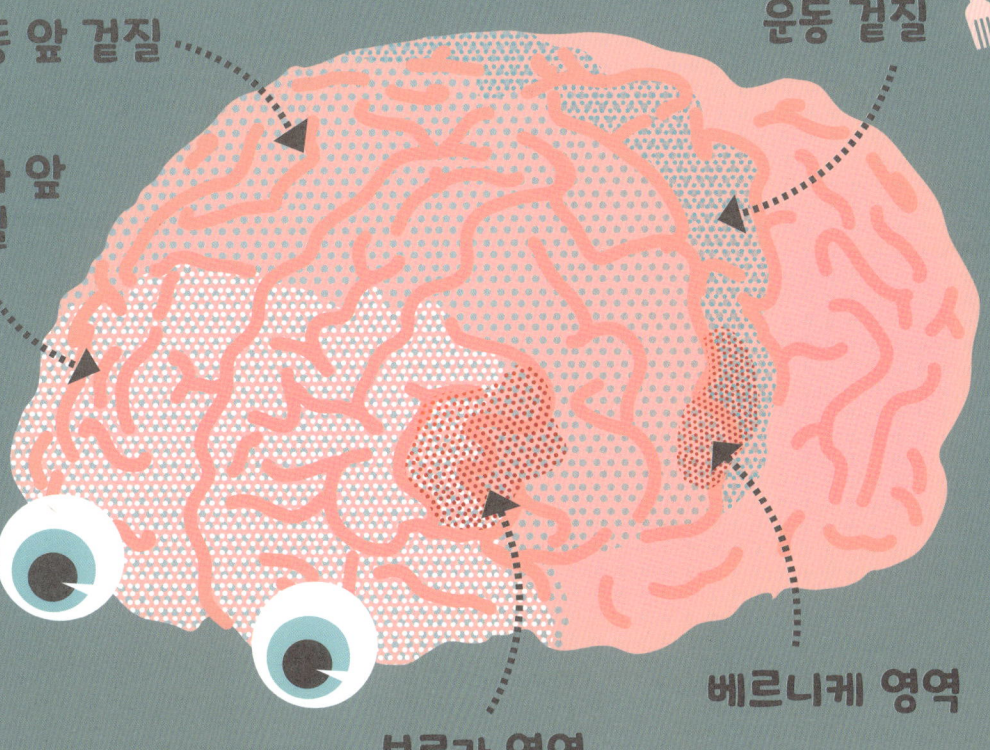

운동 앞 겉질

운동 겉질

이마 앞 겉질

베르니케 영역

브로카 영역

이마 앞 겉질은 이마엽의 앞부분이야.
이 뒤에는 우리가 의식적으로 하는 활동을
조절하는 부분이 있어. 바로 **운동 겉질**이지.

이마엽 왼쪽에는 **브로카 영역**이라는 부분이 있는데, 생각을 말로 표현할 수 있게 해 주지.
뇌졸중이 일어나면 이 브로카 영역이 손상되기 쉬워. 뇌졸중은 뇌 일부에 피가 가지 못해서
신경 세포들이 산소와 영양분을 충분히 '얻지' 못하면 일어나지. 뇌졸중이 일어나면
다른 사람이 하는 말은 알아듣지만, 스스로 말하는 데는 어려움을 겪게 돼.

관자엽에 자리한 **베르니케 영역**은 브로카 영역과 반대로 문장을
알아들을 수 있게 해 줘. 베르니케 영역이 손상되면 다른 사람이 말하는
단어 하나하나는 이해하지만, 문장 전체는 이해할 수 없게 돼.

다시 뇌 구조에 대한 이야기로 돌아가 볼까? 네 뇌에는 다른 겉질도 있어. 그중 **관자엽**은 네가 음악을 들을 때 활발하게 움직여. 관자엽에서 **여러 감각이 통합**되거든. 사과는 맛뿐만 아니라, 향기와 색깔, 형태도 있어.
네가 사과를 알아볼 수 있는 건 그 모든 것을 느끼기 때문이야. 바로 관자엽 덕분에 그런 일이 가능한 거지.

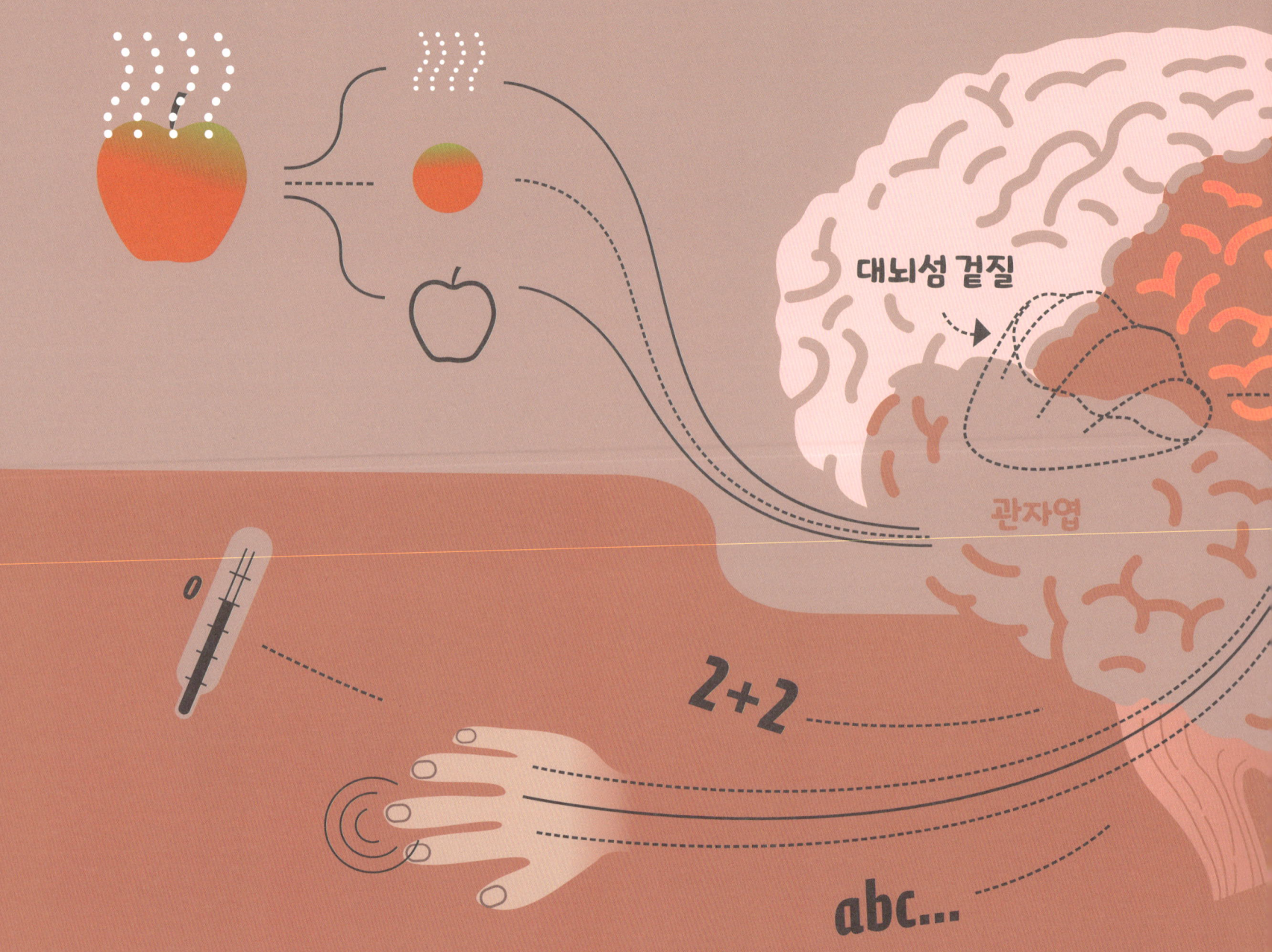

맛있는 음식을 먹으며 그 냄새와 맛, 식감을 느낄 때는 **마루엽**이 일을 해. 마루엽은 온몸에서 온도, 맛, 촉감, 움직임에 대한 정보를 받아들이지.
글을 읽거나 계산을 할 때도 마루엽이 쓰여. '머리를 때리면 머리 나빠진다'라고 하는 것도 그래서야. 어딘가에 머리를 부딪치면 정보를
느리게 받아들이고, 문제를 풀 때 더 오래 걸리거든. 특히 어린아이의 머리를 때리면 뇌가 발달하는 데 문제가 생길 수도 있어.

그리고 앨리스, 네가 글이나 그림을 볼 때면 **뒤통수엽**이 활발하게 움직여. 나는 눈으로 받아들인 정보를 뒤통수엽에 모아서 분석하거든. 그래서 뒤통수엽을 다치면 시력을 영영 잃을 수도 있어.

뇌에는 **대뇌섬 겉질**이라는 아주 비밀스러운 부분도 있어. 대뇌섬 겉질은 뇌의 두 반구 사이에 끼어 있는데, 몸에서 느끼는 감각을 감정으로 표현하지. 대뇌섬 겉질 덕분에 맛있다거나 따뜻하다거나 기분이 좋다거나 위가 아프다거나 하는 걸 느낄 수 있어. 대변을 본 뒤에 느끼는 시원한 기분도 대뇌섬 겉질이 자극을 받았기 때문에 느낄 수 있는 거야. 게다가 대뇌섬 겉질은 **정신적인 부분**이나 **영적인 부분**에도 큰 영향을 줘. 그래서 명상을 하면 대뇌섬 겉질이 두꺼워진다고도 하지.

앨리스, 네 미래는 네 손에 달려 있어. 네가 결정하는 거야.

앨리스는 정말 피곤했지만, 이야기를 끝내고 싶지 않았어.
뇌야, 아직 가지 마! 나 마지막으로 물어보고 싶은 게 있어. 네가 그토록 중요하고, 너한테 그토록 많은 것이 달려 있다면, 내가 널 위해 할 수 있는 일이 없을까? 도와줄 일은? 네가 오랫동안 건강하려면 내가 널 어떻게 돌봐야 할까?

여기엔 나한테 해로운 것뿐이네.

뇌가 방긋 웃으며 답했어.
무엇보다도 네 몸을 잘 돌봐야 해. 몸을 망가뜨리는 습관이나 행동을 바로잡을 수 있는 건 내가 있어서야.
그런데 뇌가 건강하려면 또 몸이 건강해야 하거든. 특히 한창 자랄 때나 나이가 들어갈 때 몸을 잘 돌봐야 해.
비만이나 운동 부족은 두뇌 발달에 아주 해로워. 과식을 피하고, 컴퓨터나 스마트 기기 앞에 있는 시간을 줄이도록 해.
건강에 좋은 음식을 먹고 술이나 담배, 마약처럼 뇌에 나쁜 영향을 끼치는 물질을 피하는 것도 정말 중요해.

앨리스, 이제 정말 헤어질 시간이야. 넌 곧 깨어날 거고,
내가 들려준 이야기를 금세 잊어버릴지도 몰라.
그러니까 눈 뜨자마자 이 꿈을 글로 써 둬.
그리고 다른 건 다 잊어버려도 이것만은 기억해 줘.
뇌는 아주 매력적이고 잘 만들어진 신체 기관이라는 사실 말이야.

뇌에 대한 연구를 통틀어 '뇌 과학'이라고 해.
수많은 과학자가 나를 연구하는 데 평생을 바쳐. 신경 생리학자,
심리학자, 정신과 의사, 인지 과학자가 그런 사람들이지.
뇌 과학은 수많은 학자에게 노벨상을 안겨 준 흥미로운 분야이기도 해.
세계에서 중요한 상 중 하나 말이야. 뇌 과학의 장점은 또 있어.
뇌 과학자들은 아주 오래, 백 살이 넘도록 사는 일이 많단다.
그러니까 앨리스, 이 분야의 학자가 되는 건 어때?

글 ● 예지 베툴라니
폴란드의 뇌 과학자이자 약리학자, 생화학자, 그리고 교수였습니다. 과학 대중화에 힘썼으며, 특히 사람들에게 쉽고 재미있게 과학을 알려 준 과학 전달자였습니다. 20년 넘게 과학 잡지 〈우주〉의 편집장을 맡았고, 블로그와 소셜 미디어 채널을 운영했습니다. 과학 책을 여러 권 썼으며, 그중 일부는 베스트셀러가 되었습니다.

글 ● 마리아 마주레크
과학과 의학, 사회에 관한 글을 쓰는 기자이자 작가입니다. 과학자와 대화를 나눈 뒤 사람들이 쉽게 이해할 수 있게 전달합니다. 우리나라에 출간된 책으로는 《인공 지능 나라의 앨리스》가 있습니다.

그림 ● 마르친 비에주호프스키
어린이와 청소년을 위한 디지털 교육 연구를 전문으로 하는 그래픽 디자이너이자 카피라이터, 일러스트레이터입니다. 만화부터 대규모 벽화에 이르기까지 다양한 매체와 방법을 쓰고 있습니다. 우리나라에 출간된 책으로는 《인공 지능 나라의 앨리스》가 있습니다.

옮김 ● 김소영
대학에서 문학을 전공하고 어린이책 편집자로 일했습니다. 지금은 좋은 어린이책을 기획하고 우리말로 옮기는 일에 힘쓰고 있습니다. 옮긴 책으로는 《인공 지능 나라의 앨리스》가 있습니다.

추천 ● 장동선
뇌 과학 박사이자 궁금한뇌연구소 대표, 한양대학교 창의융합교육원 교수입니다. 독일 콘스탄츠대학교와 미국 럿거스대학교 인지과학연구센터에서 석사를 마친 뒤, 막스플랑크 바이오사이버네틱스연구소와 튀빙겐대학교에서 박사 학위를 받았습니다. 유튜브 채널 〈장동선의 궁금한 뇌〉에서 뇌와 과학 기술에 대한 흥미로운 이야기들을 펼치고 있습니다. 지은 책으로 《뇌 속에 또 다른 뇌가 있다》, 《뇌는 춤추고 싶다》 들이 있습니다.

지식곰곰 12
뇌 과학 나라의 앨리스

초판 1쇄 발행 2023년 5월 2일 * 초판 2쇄 발행 2024년 10월 11일
ISBN 979-11-5836-403-8, 978-89-93242-95-9(세트)

펴낸이 임선희 * 펴낸곳 (주)책읽는곰 * 출판등록 제2017-000301호 * 주소 서울시 마포구 성지길 48
전화 02-332-2672~3 * 팩스 02-338-2672 * 홈페이지 www.bearbooks.co.kr
전자우편 bear@bearbooks.co.kr * SNS Instagram@bearbooks_publishers
편집 우지영, 우진영, 이다정, 최아라, 박혜진, 김다예, 윤주영, 홍은채 * 디자인 김지은, 김아미,
김은지, 이설 * 마케팅 정승호, 배현석, 김선아, 이서윤, 백경희 * 경영관리 고성림, 이민종 * 저작권 민유리
협력업체 아이피에스, 두성피앤엘, 월드페이퍼, 원방드라이보드, 해인문화사, 으뜸래핑, 도서유통 천리마

The original Polish edition was published as "Sen Alicji, czyli jak działa mózg"
Copyright © 2017 Jerzy Vetulani, Maria Mazurek, Marcin Wierzchowski
All rights reserved.
Korean Translation copyright © 2023, Bear Books Inc.
This Korean edition is published by arrangement with Mando through Greenbook Agency,
South Korea. All rights reserved.

이 책의 한국어판 저작권과 판권은 저작권에이전시 그린북을 통한 저작권자와의 독점 계약으로 (주)책읽는곰에 있습니다.
저작권법에 의해 한국 내에서 보호를 받는 저작물이므로 무단 전재와 무단 복제, 전송, 배포 등을 금합니다.

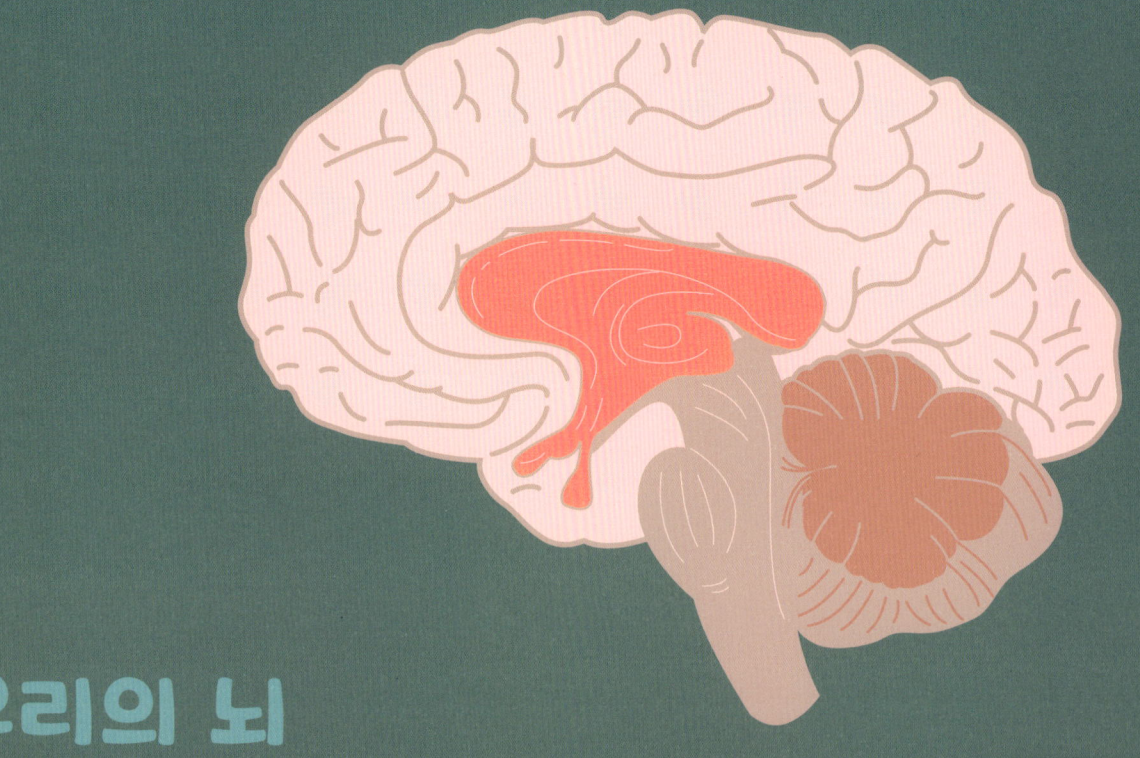

우리의 뇌

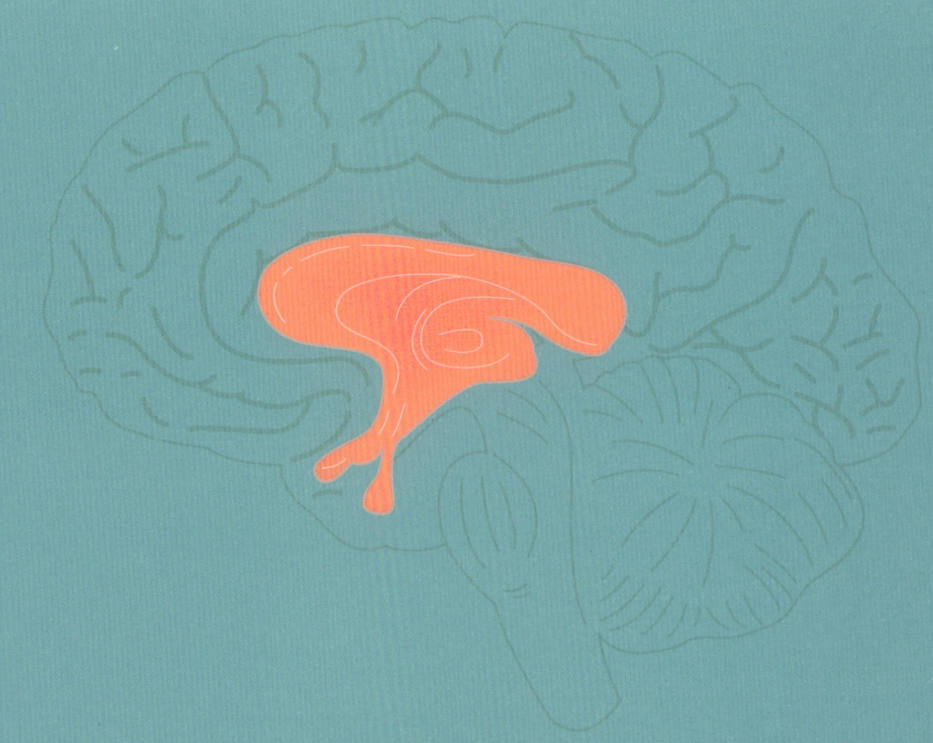

감정